„Bücher sind wie Fallschirme. Sie nützen uns nichts, wenn wir sie nicht öffnen."

Gröls Verlag

Redaktionelle Hinweise und Impressum

Das vorliegende Werk wurde zugunsten der Authentizität sehr zurückhaltend bearbeitet. So wurden etwa ursprüngliche Rechtschreibfehler regelmäßig *nicht* behoben, denn kleine Unvollkommenheiten machen das Buch – wie im Übrigen den Menschen – erst authentisch. Mitunter wurden jedoch zum Beispiel Absätze behutsam neu getrennt, um den Lesefluss zu erleichtern.

Um die Texte zu rekonstruieren, werden antiquarische Bücher von Lesegeräten gescannt und dann durch eine Software lesbar gemacht. Der so entstandene Text wird von Menschen gegengelesen und korrigiert – hierbei treten auch Fehler auf. Wenn Sie ebenfalls antiquarische Texte einreichen möchten, finden Sie weitere Informationen auf www.groels.de

Viel Freude bei der Lektüre wünscht Ihnen das Team des Gröls-Verlags.

Adressen

Verleger: Hermann-Josef Gröls,

Im Borngrund 26, 61440 Oberursel

Externer Dienstleister für Distribution & Herstellung:

BoD, In de Tarpen 42, 22848 Norderstedt

Unsere „Edition | Werke der Weltliteratur“ hat den Anspruch, eine der größten und vollständigsten Sammlungen klassischer Literatur in deutscher Sprache zu werden. Nach und nach versammeln wir hier nicht nur die „üblichen Verdächtigen“ von Goethe bis Schiller, sondern auch Kleinode der vergangenen Jahrhunderte, die – zu Unrecht – drohen, in Vergessenheit zu geraten. Wir kultivieren und kuratieren damit einen der wertvollsten Bereiche der abendländischen Kultur. Kleine Auswahl:

Francis Bacon • Neues Organon • **Balzac** • Glanz und Elend der Kurtisanen • **Joachim H. Campe** • Robinson der Jüngere • **Dante Alighieri** • Die Göttliche Komödie • **Daniel Defoe** • Robinson Crusoe • **Charles Dickens** • Oliver Twist • **Denis Diderot** • Jacques der Fatalist • **Fjodor Dostojewski** • Schuld und Sühne • **Arthur Conan Doyle** • Der Hund von Baskerville • **Marie von Ebner-Eschenbach** • Das Gemeindekind • **Elisabeth von Österreich** • Das Poetische Tagebuch • **Friedrich Engels** • Die Lage der arbeitenden Klasse • **Ludwig Feuerbach** • Das Wesen des Christentums • **Johann G. Fichte** • Reden an die deutsche Nation • **Fitzgerald** • Zärtlich ist die Nacht • **Flaubert** • Madame Bovary • **Gorch Fock** • Seefahrt ist not! • **Theodor Fontane** • Effi Briest • **Robert Musil** • Über die Dummheit • **Edgar Wallace** • Der Frosch mit der Maske • **Jakob Wassermann** • Der Fall Maurizius • **Oscar Wilde** • Das Bildnis des Dorian Grey • **Émile Zola** • Germinal • **Stefan Zweig** • Schachnovelle • **Hugo von Hofmannsthal** • Der Tor und der Tod • **Anton Tschechow** • Ein Heiratsantrag • **Arthur Schnitzler** • Reigen • **Friedrich Schiller** • Kabale und Liebe • **Nicolo Machiavelli** • Der Fürst • **Gotthold E. Lessing** • Nathan der Weise • **Augustinus** • Die Bekenntnisse des heiligen Augustinus • **Marcus Aurelius** • Selbstbetrachtungen • **Charles Baudelaire** • Die Blumen des Bösen • **Harriett Stowe** • Onkel Toms Hütte • **Walter Benjamin** • Deutsche Menschen • **Hugo Bettauer** • Die Stadt ohne Juden • **Lewis Caroll** • *und viele mehr….*

Inhalt

Peterchens Mondfahrt: Märchenspiel

Gerdt von Bassewitz

Figuren im Märchen

- Die Mutter
- Peterchen } die Kinder
- Anneliese }
- Minna, das Dienstmädchen
- Der Maikäfer
- Das Sandmännchen
- Peterchens Sternchen
- Annelieses Sternchen
- Drittes Sternchen
- Viertes Sternchen
- Fünftes Sternchen
- Die Nachtfee
- Das Taumariechen
- Der Donnermann
- Die Blitzhexe
- Die Wolkenfrau
- Der Regenfritz
- Der Wassermann
- Der Hagelhans
- Der Eismax
- Frau Holle
- Der Milchstraßenmann
- Die Sonne
- Die Morgenröte
- Die Abendröte
- Der Morgenstern
- Der Abendstern
- Der Weihnachtsmann
- Das Pfefferkuchenmännchen
- Der Mann im Mond
- Der Sturmriese
- Die Windliese

Ort: Im Schlafzimmer der Kinder und auf dem Monde.

Zeit: In einer Mainacht, wenn die Kinder schlafen.

Peterchens und Annelieses Schlafzimmer. In der Ecke links ein großes Bett mit bunten Vorhängen. Vorn links ein Spielzeugschrank, eine Puppenstube und ein Schaukelpferd. In der Mitte des Zimmers ein breiter, niedriger Kindertisch. Rechts vorn eine Tür hinter geblümten Vorhängen. Neben der Tür ein Kleiderschränkchen, Badewanne, Waschtischchen mit zwei Schüsselchen und eine bunte Kommode mit Bilderbüchern darauf. Im Hintergrunde breites Fenster mit Vorhängen und Blumen.

Es ist Abend. Peterchen und Anneliese werden von Minna zu Bett gebracht.

Peterchen

(am Waschtisch, im Nachthemdchen, wäscht sich mit einem großen Schwamm).

Anneliese

(sitzt auf dem Bettchen, ebenso im Nachthemdchen, und flicht sich ihr Zöpfchen für die Nacht).

Minna

(macht das Fenster zu)

So, nun machen wir das Fenster zu,
Und dann hat die liebe Seele Ruh.
Der Mond kommt gerade über die Wiese.

(dreht sich herum)

Seid ihr fertig, Peterchen? Anneliese?
Hurtig, hurtig ins Bettchen hinein;
Wenn die Mutter kommt, muß Ordnung sein!

(Sie nimmt Peterchen den Schwamm fort und trocknet ihm mit einem großen Handtuch das Gesicht ab).

Peterchen

Au, Minna! meine Nase bricht ab!

Minna

Papperlapapp! – Papperlapapp!

Peterchen

Au, jetzt hast du mein Ohr geziept!

Minna

Was das nicht alles für Sachen gibt,
Wenn man den Buben abtrocknen will!

Peterchen

(unter den Falten des großen Tuches)

Ja, aber ...

Minna

Papperlapapp! – sei still!

Anneliese

Minna, mein Zöpfchen ist fertig – – so?

(zeigt das Zöpfchen).

Minna

Schön! – Schnell ins Bettchen, du kleiner Floh!

Anneliese

(huscht ins Bett)

Ach ja, jetzt will ich mal recht schön schlafen
Und will träumen von kleinen, weißen Schafen.

Peterchen

Anneliese träumt immer von Schafen,
Und ich viel lieber von Pferden und Grafen
Und von Prinzen und von Soldaten
Und von Bonbons und Kuchen und Braten
Und von ...

Minna

(kämmt ihn)

Ja, ja, du kleiner Mann;
Von allem, was man essen kann.

Peterchen

(entrüstet)

Minna, einen Grafen ißt man doch nicht!

Minna

(hört nicht)

So, nun ist er sauber, der Wicht. –
Schnell, schnell ins Bettchen!

(legt Kamm und Bürste fort).

Peterchen

(steht und rührt sich nicht).

Minna

(dreht sich herum)

Nun? hörst du nicht?

Peterchen

Guck mal den Mond da auf der Wiese!
Guck mal den Mond, guck, Anneliese;
Er sieht aus wie ein gelbes Gesicht ...

Minna

(schiebt ihn zum Bett)

Ja, ja, nun geh nur …

Peterchen

Nein, siehst du nicht
Minna? – Kennst du den Mann im Mond,
Der dort oben zur Strafe wohnt,
Auf dem Rücken ein Bündel Ruten?

Minna

Will Er wohl, will Er sich endlich sputen!

(Sie hat ihn bis ans Bett gebracht.)

Peterchen

Halt, Minna! da fliegt was in der Stube …

Minna

(hebt ihn ins Bett)

Ins Bettchen, ins Bettchen, kleiner Bube!

Peterchen

Minna, ein Maikäfer, ein ganz dicker!

Minna

(legt ihn an Annelieses Seite)

Unsinn, schlaf jetzt, mach du deinen Nicker! –
So, nun ruf' ich die Mutter. – Schlaft schön!

(Sie geht hinaus.)

Peterchen

(leise)

Anneliese, ich hab' ihn gesehen!
Ganz dick ist er herumgebrumst,
Dicht an mir ist er vorbeigesumst.

Anneliese

Peterchen, ob uns der was tut?

Peterchen

Nein, Anneliese, Maikäfer sind gut.
Die tun einem nichts, die brummen nur.

(setzt sich im Bett auf)

Ich hab' keine Angst, nicht eine Spur!

Anneliese

So ein klein bißchen hab' ich doch Angst ...

Peterchen

(kühn)

Weißt du, Anneliese, wenn du dich bangst,
Dann mach' ich ihn mit dem Pantoffel kaputt.

Anneliese

Nein Peter, nicht – er ist ja gut!
Nicht totmachen, laß' ihn nur leben.
Wir wollen ihm lieber Zucker geben;
Ich habe noch in der Puppenstube.

Peterchen

Der ißt keinen Zucker, ich glaube es kaum;
Die Maikäfer sitzen oben im Baum,
Die essen Kastanien.

Anneliese

Ja, das kann sein.

Peterchen

Wie kam der bloß hier in die Stube herein?

Anneliese

Vielleicht hat er sich auf dem Weg verirrt
Und ist aus Versehen hereingeschwirrt
Und fürchtet sich nun, so ganz allein,
Ohne seine Frau und seine Kinderlein.

Peterchen

(überlegen)

Aber, Anneliese, ein Maikäferpapa,
Der bangt sich doch nicht nach der Maikäfermama;
Der fliegt nur so des Abends spazieren
Und guckt in die Fenster und in die Türen,
Ob's da für ihn was zu holen gibt.

Anneliese

Dann ist er jetzt ganz gewiß betrübt;
Er hat doch bei uns nichts gefunden, und
Minna hat ihn doch eingespunnt.

Peterchen

(nachdenklich)

Nun, man könnte ihn ja befrei'n;
Aber, wo mag er jetzt nur sein?
Ich glaube, er sitzt an dem Vorhang da ...

(springt aus dem Bett.)

Husch, husch! – Wo bist du, Maikäferpapa?

(Die Mutter kommt herein.)

Mutter

(droht)

Aber, Peterchen, sieh mal an! –

Peterchen

Mutti, da sitzt ein Maikäfer dran,
Ein ganz dicker, den lassen wir fliegen ...

Mutter

(sieht nach)

Unsinn! – Ihr sollt jetzt im Bettchen liegen
Und schlafen und an gar nichts denken.
Wer schläft, dem will ich was Schönes schenken;
Fünf Äpfelchen für jedes Kind,
Wenn beide hübsch ausgeschlafen sind.

(Sie stellt zwei kleine, bunte Körbchen mit Äpfeln auf den Tisch.)

Peterchen

Ei, Mutti, Mutti, ich danke schön!

(hängt sich ihr an den Hals – besichtigt dann die Äpfel.)

Mutter

(führt ihn zum Bett.)

Erst schlafen, morgen früh besehen!

Peterchen

Anneliese, Äpfel, zwei Körbchen voll!

Anneliese

(legt der Mutter die Ärmchen um den Hals.)

Danke schön, Muttchen!

Mutter

(küßt sie)

Mein kleiner Troll!

(legt Peterchen ins Bett, deckt beide Kinder zu.)

So, es ist schon furchtbar spät. –
Nun sprecht noch schnell euer Nachtgebet!

Anneliese

(faltet die Hände.)

Ich bin noch klein, mein Herz ist rein,
Soll niemand drin wohnen, als Jesus allein. – Amen.

Peterchen

(faltet die Hände.)

Lieber Herr Jesus, mach mich fromm,
Daß ich in den Himmel komm'. – Amen.

Mutter

(küßt beide.)

Peterchen

Mutti, meinen Hampelmann!

Anneliese

Und meine Puppe, bitte, bitte!

Mutter

(holt beides.)

So, hier zwischen euch in die Mitte.

Peterchen

Mutti, nun sing noch, eh' wir schlafen!

Mutter

(setzt sich am Bett.)

Was denn? vom Prinzen, vom Schäfchen, vom Grafen?

Peterchen

Nein, vom Maikäfer muß es sein!

Mutter

Also, das Lied vom Maikäferlein:

(Sie beginnt.)

War einst ein kleines Käferlein,
Summ – Summ – Summ,
Hatte zwei braune Flügelein,
Summ – Summ – Summ,
Und sechs Beinchen hatte es auch
Unter seinem schwarzweißen Bauch,
Summ – Summ – Summ.

Saß auf einem grünen Baum,
Summ – Summ – Summ,
Träumte einen schönen Traum,
Summ – Summ – Summ,
Träumte von Sonne, Mond und Sternen
Und von fremden Länderfernen,
Summ – Summ – Summ.

Als der dunkle Abend kam,
Summm – Summm – Summm,
Käferlein sein Ränzel nahm,
Summm – Summm – Summm,
Wollt' auf die weite Reise gehn
Und die große Welt beseh'n,
Summm – Summm – Summm.

Flog über einen breiten Bach,
Summm – Summm – Summm,
Verlor ein kleines Beinchen, ach –
Summm – Summm – Summm,
Reiste nur noch mit fünf Beinen,
Tat so bitterlich drum weinen,
Summm – Summm – Summm.

Flog es nach dem Mond geschwind,
Summm – Summm – Summm,
Kam ein großer Wirbelwind,
Summm – Summm – Summm,
Brach ein Flügelchen entzwei,
Ach, das gab ein groß' Geschrei –
Summm – Summm – Summm.

Fiel in einen tiefen Wald,
Summm – Summm – Summm,
Starb an seinem Kummer bald,
Summm – Summm – Summm,
Muß die Reis' ein Ende haben,
Sandmännchen hat's eingegraben,

Summm – Summm – Summm.

(Refr.) Muß die Reis' ein Ende haben,
Sandmännchen hat's eingegraben,
Summm – Summm – Summm.

(Während des Gesanges der Mutter ist es allmählich dunkel im Zimmer geworden. Sie wiederholt die letzten Zeilen leise, während schon die Melodie von einer Geige aufgenommen wird. – Die Mutter schweigt, und die Geige spielt weiter. Es wird allmählich heller im Zimmer, aber es ist ein anderes, etwas bläuliches Licht. Die Mutter ist verschwunden. Statt ihrer sieht man einen großen Maikäfer mit übergeschlagenen Unterbeinchen auf dem Tische sitzen. Er spielt auf einer kleinen, silbernen Geige. Eines seiner mittleren Beinchen fehlt. Nach einer kleinen Zeit setzt er die Geige ab).

Maikäfer

Ja, so starb er, der kleine Kerl. Warum war er auch so vorwitzig und wollte nach dem Mond fliegen? Das ist nichts für so kleine Maikäfer, dazu muß man schon ein großer Maikäfer sein. – Ach ja, ich weiß nicht, mir kommen immer die Tränen in die Augen, wenn ich die Geschichte höre; sie ist auch zu rührend. (Er holt ein großes, grünes Blatt hervor und wischt sich die Augen.) Und dann fällt mir auch immer mein eines Beinchen ein, das mir fehlt; und das ist noch viel trauriger. (Er wischt sich wieder die Augen.) Ich möchte aber doch wissen, wo ich hier eigentlich bin? Kam da eben so mir nichts, dir nichts hereingebrumst, und der kleine Junge hat mich natürlich gleich bemerkt; beinahe hätte mich auch die dicke Minna totgequetscht; – na, das war 'ne Angst! (Wischt sich die Stirn.) Und dann sagt die dumme Person immer: "Papperlapapp, papperlapapp, kein Maikäfer ist da!" Als ob ich nicht ein ganz dicker wäre, einer von den allerdicksten! – Darauf ist meine Frau immer so stolz gewesen, die gute Seele. Ein Huhn hat sie neulich gefressen; sie ruhe sanft! – (Er wischt sich die Augen.) Aber, das kann alles nichts mehr nützen; ich bin eben Witwer geworden und habe ihr zu Ehren jetzt schwarze Beine statt rote. Früher sagten die Jungens, ich sei ein König; jetzt sagen sie Schuster zu mir. Aber das ist eine Dummheit; ich trage Trauer – so ist es! (Er geht im Zimmer mit komisch gravitätischen Schritten umher.) Hm, hm, – Puppenstube, Schaukelpferd – na ja – und Äpfel – hm, hm, die mag ich nicht. Ich esse lieber Salat, Lindensalat oder so was dergleichen. (dreht sich herum.) Scheint aber nicht hier zu sein.

Übrigens sind die Kinder recht ordentlich. Gegen das Peterchen habe ich eigentlich etwas; er wollte mich mit seinem Pantoffel kaputt machen. – Wo ist denn eigentlich der Pantoffel? – (am Bett) Aha, da haben wir ihn! (Er nimmt ein kleines, rotes Pantöffelchen auf.) So, so – (schlägt damit auf den Tisch, als wolle er eine Fliege klatschen) schwupp, weg war ich! – Na, das wär' 'ne schöne Geschichte gewesen! (Er wirft das Pantöffelchen an seinen Platz.) Dummes Peterchen! – Die kleine Anneliese ist besser, die hat mir das Leben gerettet. Aber Zucker wollte sie mir geben – Zucker?? (schüttelt sich komisch) Puh!! Na, da hätt' ich schöne Bauchschmerzen gekriegt! Ein Maikäfer und Zucker! – (Er fängt an, unbändig zu lachen und komisch hin und her zu torkeln.) Als ob ich 'ne Ameise wäre! Nein, ist das komisch, nein, ist das lächerlich! So eine kleine, dumme Anneliese! – ha ha ha! – (Er fällt plötzlich versehentlich und liegt auf dem Rücken.) Hoppla!! – O, das ist eine fatale Situation! – Ja, das durfte mir eigentlich nicht passieren! (Er angelt mit seinen fünf Beinen in der Luft.) Das ist eine sehr peinliche Lage für einen wohlsituierten Maikäfer wie mich. Gut, daß mich keiner sieht. – Aber, was soll man tun? Totstellen, nützt nichts. Die Kinder rufen, nein, die lachen mich aus. Peterchen ist sowieso nicht auf den Mund gefallen. Bis morgen früh liegen bleiben?

Dann tritt mich die Minna mit ihren großen Latschen tot. – O, das ist 'ne unangenehme Geschichte! Aber, ich weiß schon, es kommt vom Lachen. – Na, da wollen wir noch mal 'ne tüchtige Anstrengung machen, ob wir uns selber – hoch – rappeln – können! – (Er kreiselt sich während der letzten Worte schnell herum – dann erschöpft:) Nein, so geht's nicht. Bei dem Karussellfahren wird man außerdem schwindlig. – Halt, ich sehe Rettung! Da ist ein Tischbein (greift mit dem Vorderbeinchen darnach.) So, nun geht's! – Hopp – hopp – hoppla! – (Er kugelt sich herum, kommt auf die Beine und steht auf.) Uff, das war 'ne Arbeit! – (Er wischt sich mit dem Blatt den Schweiß.) So, wahrscheinlich hat mein schöner, brauner Rock nun wieder Flecken. Aber schließlich, meine Frau ist tot, und da ist es zu ertragen. Die wußte immer gleich, wenn ich mal auf den Rücken gefallen war, und dann schimpfte sie: "Na, du alter Torkelfritze, hast dir wieder einen über den Durst genehmigt? Unanständigkeiten! Unanständigkeiten!" – – Ach ja, das Huhn hat sie gefressen. Schade drum. Sie hielt auf gutes Benehmen. – (Er reckt die Beine energisch.) So, jetzt muß ich mal sehen, ob ich noch fliegen kann. (Er stellt sich in Positur, entfaltet die Flügel, ein lautes Summen beginnt, und er fliegt ein paar Meter über den Boden hin.) Famos, famos, es geht noch! (Er läßt sich wieder zur Erde herab.) – Aber eingesperrt haben sie mich hier. Das Fenster ist zu; dagegen fliegen nützt nichts; so dumm bin ich auch nicht mehr; das machen bloß die kleinen Käferhosenmätze; es gibt scheußliche Kopfschmerzen. Also, man muß sich, so gut es geht, die Zeit vertreiben. Ich werde mir mal ein lustiges Liedchen spielen. (Er nimmt die Geige, spielt eine Tanzmelodie, singt dazu und springt in grotesken Sätzen im Zimmer umher.)

Eins, zwei, drei – eins, zwei, drei,
Fiel eine Biene in den Brei;
Plumsdibums,
Dideldumdei!
Alle Käfer sitzen drum herum,

Lachen sich schief,
Lachen sich krumm,
Brumm, brumm!

Vier, fünf, sechs – vier, fünf, sechs,
Macht eine Fliege einen Klecks,
Putschpitschpatsch,
Klickklackklecks!
Pfui, ruft jeder rechte Käfermann,
Seht sie an,
Was sie kann,
Heran, heran!

(Peterchen und Anneliese stecken die Köpfe aus den Vorhängen ihres Bettchens und sehen ihm halb erstaunt, halb belustigt zu.)

Sieben, acht, neun – sieben, acht, neun,
Tanzen alle kleinen Käferlein!
Ringelreih,
Dideldudeldei,
Um die dicke Linde mit Gesumm,
Rechts herum,
Links herum,
Brumm, brumm!

(Die Kinder lachen hell auf und klatschen in die Hände.)

Maikäfer

(hält inne, sieht sie an.)

Nanu? Was gibt es denn da zu lachen? – Das ist ein ganz bekannter Maikäfertanz!

Peterchen

Ja, der ist sehr komisch!

Maikäfer

So, meinst du? – Ihr braucht mich aber deshalb nicht auszulachen!

Anneliese

Nein, Herr Maikäfer, das haben wir auch gar nicht so gemeint. Wir bitten schön um Entschuldigung.

Maikäfer

Nun also, da ist mir's recht. – Aber, sagt mal, warum habt ihr mich denn hier eingesperrt?

Peterchen

Das waren wir nicht!

Anneliese

Das war Minna, Herr Maikäfer!

Maikäfer

Na ja, die ist auch so eine dumme Trine und weiß nicht, was sich gehört. Wenn Besuch da ist, dann schließt man ihn doch nicht ein!

Peterchen

Ja, ich hab' es ihr gleich gesagt, daß du da wärst; aber die Minna, nein, die ist auch wirklich zu dumm!

Maikäfer

(tritt ans Bett.)

Höre mal, Peterchen, eigentlich bin ich gar nicht gut auf dich zu sprechen. Du hast mich da vorhin mit deinem Pantöffelchen kaputt machen wollen!

Peterchen

(etwas verlegen)

Ach, weißt du, das hab' ich man bloß so gesagt; getan hätt' ich es sicher nicht!

Maikäfer

So, so, man bloß so gesagt?!

Peterchen

(schnell)

Weil Anneliese solche Angst hatte.

Anneliese

Jetzt hab' ich aber gar keine Angst mehr, Herr Maikäfer, nicht ein bißchen!

Maikäfer

Gut. – Aber sagt mal, wie komm' ich denn hier heraus? Die Nacht ist sehr schön, und ich hab' keine Lust, hier eingesperrt zu bleiben.

Anneliese

(huscht aus dem Bettchen zum Fenster.)

Hier, Herr Maikäfer, aus dem Fenster. Soll ich dir aufmachen?

Peterchen

(springt ebenfalls aus dem Bett – energisch:)

Nein, Anneliese, nicht aufmachen! – Bitte, Herr Maikäfer, bleib doch noch ein bißchen bei uns und erzähl' uns was aus deinem Maikäferland! Nachher lassen wir dich auch heraus.

Maikäfer

Nun ja, man könnte das wohl tun; aber da ist jetzt nicht viel zu erzählen; es steht schlecht um die Maikäfer; es werden viele totgeschlagen, und wenn ich an meine liebe Frau denke, die von einem Huhn gefressen wurde –

Anneliese

O, das tut uns aber leid!

Peterchen

War das unser Huhn? Da reiß' ich ihm dafür mal gleich ein paar Schwanzfedern aus. Ich glaube, das tut mächtig weh!

Maikäfer

Ja, liebes Peterchen, ich weiß es nicht genau, welches Huhn es war, und das ist das Schlimme dabei.

Peterchen

(nachdenklich)

Na, weißt du, das ist allerdings schlimm. Allen Hühnern kann ich die Schwanzfedern nicht ausreißen; ich glaube, da bekäme ich doch Prügel.

Maikäfer

Dann wollen wir es lieber lassen, Peterchen, und ich will meine Frau im stillen beweinen.

(Er wischt sich die Augen mit dem Blatt.)

Anneliese

(mitleidig)

Herr Maikäfer, willst du etwas Zucker haben? In der Puppenstube ist welcher.

Maikäfer

(Kratzfuß)

Danke schön, danke verbindlichst, Anneliese; aber mein Magen verträgt das Zuckerige nicht.

Anneliese

(aufrichtig)

Ach, da tust du mir aber wirklich leid.

Maikäfer

(Kratzfuß)

O bitte, bitte, keine Ursache.

Anneliese

Aber vielleicht ißt du einen Apfel?

Maikäfer

Danke verbindlichst, nur Salat, frischen Salat von Linde oder Kastanie.

Anneliese

Ja, den haben wir leider nicht.

Peterchen

Na, ich kann ja schnell mal auf die dicke Kastanie klettern.

Maikäfer

(Kratzfuß)

Bitte, bemühe dich nicht, ich kann ja fliegen.

Beide

(bewundernd)

Ach ja, das ist wahr.

Peterchen

(neugierig)

Sag' mal, wo hast du denn deine silberne Geige her?

Maikäfer

O, das ist ein altes Familienerbstück; denn eigentlich spielen die Maikäfer nur den Brummbaß, oder höchstens die Pauke. Aber mein Urgroßvater, er hieß Sumsemann, der wohnte nahe bei einer großen Wiese und war mit einer Grille befreundet, Zirpedirp hieß sie, das steht hier auf der Geige eingraviert; und von der Grille bekam er die Geige geschenkt, weil er ihr einmal das Leben gerettet hatte, als sie zu hoch auf einen Baum gestiegen war und einen Schwindelanfall bekam. Und seitdem spielen wir Sumsemanns die Violine statt der Baßgeige. Das ärgert zwar die anderen Maikäfer; sie meinen, es sei geschmacklos, und die Sumsemanns seien ein entartetes Geschlecht; aber wir finden das vornehmer, weil es etwas Besonderes ist. Man muß auf das Außergewöhnliche halten.

Anneliese

Ja, das ist auch wahr.

Peterchen

Na, und warum hast du denn nur fünf Beinchen? Das ist wohl auch etwas Außergewöhnliches?

Maikäfer

(mit einem tiefen Seufzer)

Ach! – –

Peterchen

O Herr Sumsemann, ich wollte dich nicht beleidigen, entschuldige, bitte!

Maikäfer

(wie vorher)

Ach! – –

Anneliese

(mitleidig)

Ist es so schrecklich, Herr Sumsemann?

Maikäfer

Ja, es ist sehr schrecklich.

Beide

Das tut uns aber leid.

Maikäfer

Ja, es ist der große Fluch, der auf uns Sumsemännern liegt, und das ist eine traurige Geschichte.

Peterchen

Wenn es eine Geschichte ist, dann mußt du sie uns erzählen.

Maikäfer

Nun ja, wenn ihr sie hören wollt.

(Er setzt sich auf den Tisch. Die Kinder schleppen zwei Schemelchen herbei und sitzen andächtig nebeneinander vor ihm.)

Maikäfer

Alle Sumsemänner haben seit vielen hundert Jahren nur fünf Beinchen. Jetzt ist das Geschlecht ausgestorben bis auf mich. Ich bin der letzte Fünfbeinige. Das sechste Beinchen aber, das ist auf dem ..... Mond.

Die Kinder

Ach!! –

Maikäfer

Ja, wie ist es da hinaufgekommen? so denkt ihr, und das ist es eben.

Vor vielen hundert Jahren war es, als der erste Maikäfer Sumsemann sich gerade verheiratet hatte und des Sonntags abends im Wald mit seiner

Frau spazieren flog. Sie hatten viel gegessen und ruhten sich ein wenig auf einem Birkenzweiglein aus, und da sie sehr mit sich selbst beschäftigt waren, denn sie waren jung verheiratet, merkten sie nicht, wie ein böser schwarzer Mann, ein Holzdieb, kam; der schwang plötzlich seine Axt und hieb die Birke um; und so schrecklich schlug er zu, daß er dem Urgroßvater Sumsemann ein Beinchen mit abschlug. – Fürchterlich war es! – Und sie fielen auf den Rücken und wurden ohnmächtig vor Angst. Nach einiger Zeit aber kamen sie zu sich von einem hellen Schein, der um sie leuchtete. Da stand eine schöne Fee vor ihnen im Walde und sagte: "Der böse Mann ist bestraft für seinen Waldfrevel am Sonntag. Ich bin die Fee der Nacht und habe es vom Monde aus gesehen. Zur Strafe ist er nun mit dem Holz, das er umgeschlagen hat, auf den höchsten Mondberg verbannt. Dort muß er bleiben in alle Ewigkeit, Bäume abhauen und Ruten schleppen."

Aber der Urgroßvater schrie und sagte: "Wo ist mein Beinchen, wo ist mein Beinchen, wo ist mein kleines sechstes Beinchen?" Da erschrak die Fee. "Ach," sagte sie, "das tut mir sehr leid; es ist wohl an der Birke hängen geblieben und nun mit auf den Mond gekommen." "O, o, mein Beinchen, mein kleines sechstes Beinchen!" schrie mein Urgroßvater, und seine kleine Frau weinte schrecklich, denn sie wußte, daß nun alle ihre Kinder nur fünf Beinchen haben würden – und das war schlimm.

Und als die Fee den großen Jammer sah, hatte sie Mitleid und sagte: "Ein Mensch ist zwar sehr viel mehr als ein Maikäfer, und deshalb kann ich die Strafe für den bösen Menschen nicht aufheben; aber ich will erlauben, daß gute Menschen, wenn ihr sie findet, euch das Beinchen wiederbringen können. Wenn ihr zwei Kinder findet, die niemals ein Tierchen quälten, dann dürft ihr auf den Mond mit ihnen und das Beinchen wieder holen."

Da waren sie etwas getröstet. Aber sie fanden keine Kinder, und ihre Kinder und Enkel auch nicht, so viel sie auch suchten. Immer wurden die Sumsemänner, die Fünfbeinigen, totgeschlagen, wenn sie des Nachts in die Stuben kamen, um die Kinder zu bitten; oft von den rohen und unverständigen Dienstmädchen, oft auch von den Kindern selbst. Ach, das ist schrecklich, das ist der Fluch der Familie! Und nun bin ich der Letzte des berühmten Geschlechtes und wäre doch auch fast totgeschlagen worden vorhin vom Peterchen. (Er wischt sich mit dem Blatt die Tränen.)

Peterchen

(zu Tränen gerührt)

Ach, lieber Maikäfer, das tut mir jetzt so leid; aber ich habe noch niemals ein Tierchen gequält, ganz gewiß nicht.

Anneliese

Nein, und ich auch nicht; und nun weine nicht, lieber Maikäfer, wir meinen es sehr gut mit dir. (Sie streichelt ihn.)

Peterchen

(streichelt ihn auch.)

Ja, und wir würden dir dein Beinchen schon wieder besorgen, aber, weißt du, auf dem Mond? Der ist sehr weit, und da muß man fliegen können, und das können wir leider nicht.

Anneliese

Nein, das können wir nicht; dann fallen wir 'runter vom Mond und gehen kaputt.

Maikäfer

(plötzlich lebendig)

O, wenn ihr wollt, wenn ihr wollt, dann geht das alles, ihr lieben Kinderchen. – Fliegen? Pah, das ist gar nicht so schlimm, wenn man weiß, wie es gemacht wird. Das bring' ich euch sehr schnell bei.

Die Kinder

(erstaunt)

Ja? –

Maikäfer

Ganz gewiß, wir können es hier gleich lernen.

Peterchen

Na, das ist aber mal herrlich – fliegen? – famos!

Anneliese, jetzt surren wir durch die Luft!

Anneliese

(klatscht in die Händchen)

Mitten durch! –

(Der Maikäfer nimmt seine Geige.)

Maikäfer

Also, nun paßt mal auf, ich spiele eine ganz bestimmte Melodie, und nur zu dieser Melodie könnt ihr fliegen. Ich werd's euch jetzt vormachen.

(Er setzt die Geige an und macht zu der Melodie "Maikäfer, fliege" ein paar seltsame, groteske Sprungschritte im Kreise um den Tisch. Dazu singt er:)

Rechtes Bein – linkes Bein,
Rechtes Bein – linkes Bein,
Rechtes Bein – linkes Bein,
Und dann kommt das Flügelein,
Summ – Summ – Summ!

(Er entfaltet die Flügel, das Summen ertönt, und so fliegt er, weiter geigend, zwei- bis dreimal um den Tisch herum. Die Kinder jubeln laut auf und klatschen in die Hände.)

Maikäfer

(läßt sich zur Erde)

So, nun sollt ihr's versuchen. Stellt euch mal hintereinander auf. Erst Peterchen, dann Anneliese. Und nun geht es um den Tisch herum. –

(Er stellt sich mitten auf den Tisch.)

Aufgepaßt!

(Er setzt die Geige an)

Rechtes Bein – linkes Bein,
Rechtes Bein – linkes Bein,
Rechtes Bein – usw....

(Die Kinder hüpfen in ihren Nachthemdchen komisch possierlich und sehr ernsthaft um den Tisch. Der Maikäfer singt und spielt.)

Und dann kommt das Flügelein,
Summ – Summ – Summ!

(Bei "Summ" fliegen die Kinder in die Höhe und einmal in possierlicher Haltung um den Tisch. Kaum haben sie sich von der Erde erhoben, so lachen sie laut auf, klatschen in die Hände und fallen – bums – auf die Nase. Sie stehen sehr erstaunt auf.)

Maikäfer

Ja, klatschen dürft ihr nicht; dann geht's nicht; das ist eine äußerst ernsthafte Angelegenheit.

Peterchen

Na, ich bin schön hingepurzelt!

Anneliese

Und ich bin auch hingepurzelt.

Maikäfer

Also, da versuchen wir die Geschichte noch einmal. – Aufgepaßt!

(Die Kinder stellen sich auf.)

Maikäfer

(spielt und singt)

Rechtes Bein – linkes Bein,
Rechtes Bein – usw....

(Sie fliegen bei "Summ" wieder auf, breiten diesmal die Ärmchen aus und segeln so sehr schön zweimal um den Tisch. Beim zweiten Male aber hält es Anneliese nicht mehr aus.)

Anneliese

(klatscht in die Händchen und ruft)

O, jetzt kann ich es aber!

(Bums, da liegen sie beide wieder auf der Nase.)

Maikäfer

Ja, siehst du, kleine Anneliese, da liegt ihr schon wieder. In die Händchen klatschen dürft ihr nicht; dann geht's gleich pardauz!

Peterchen

(reibt sich das Bein – vorwurfsvoll)

Das war mal 'nen ordentliches Pardauz.

Anneliese

(ganz klein)

Ach, es war so schön, Herr Sumsemann; und da klatschten meine Händchen ganz von selbst. Aber ich will's jetzt nicht wieder tun. – Nochmal, Herr Sumsemann, bitte, ja? –

Maikäfer

(setzt sich in Positur)

Also los. Aufgepaßt!

(Er spielt und singt)

Rechtes Bein – linkes Bein,
Rechtes Bein – usw.

(Die Kinder fliegen jetzt mehrere Male um den Tisch und lachen zuletzt aus vollem Halse vor Freude, ohne jedoch die ausgestreckten Ärmchen zu bewegen. Der Maikäfer läßt sein Spiel leise verklingen, und sie gleiten sanft zur Erde.)

Maikäfer

So, nun könnt ihr's.

Peterchen

(jubelnd)

Ach, das war mal famos! Es hat richtig gebrumst bei mir, wie ich geflogen bin.

Anneliese

Ja, und bei mir hat es auch gebrumst.

Maikäfer

Natürlich, das gehört zum Fliegen.

Peterchen

Und nun fliegen wir nach dem Mond?

Maikäfer

Das tun wir.

(Er stellt sich zu ihnen neben den Tisch.)

Jetzt paßt auf; ich fliege vorweg, dann Peterchen, dann Anneliese. – – Halt! da fällt mir etwas ein; wir haben eine weite Reise vor und müssen Proviant mitnehmen. Habt ihr etwas da?

Die Kinder

Ja, Äpfel von Muttchen.

Maikäfer

Schön, dann nehmt sie, jedes ein Körbchen.

(Die Kinder nehmen ein jedes sein Körbchen.)

Maikäfer

So, nun aufgestellt! – Fertig?

Anneliese

Herr Sumsemann?

Maikäfer

Was ist denn los?

Anneliese

Darf ich meine Puppe mitnehmen?

Peterchen

Und ich meinen Hampelmann?

Maikäfer

Na, eigentlich beschwert uns das unnötig; aber man kann nicht wissen, wozu es gut ist. Holt schnell!

(Die Kinder springen zum Bett, holen Puppe und Hampelmann. Peterchen gürtet sich außerdem sein kleines Holzschwert ums Hemdchen.)

Maikäfer

So, nun Puppe in die rechte Hand, Äpfelkörbchen in die linke, beide Ärmchen ausgebreitet – aufgepaßt!

(Er spielt, und sie springen hintereinander um den Tisch.)

Rechtes Bein – linkes Bein,
Rechtes Bein – usw.

(Sie fliegen auf und dreimal um den Tisch. Während sie um den Tisch fliegen, öffnet sich die Wand im Hintergrunde des Zimmers, und man sieht den Vollmond gelb und rund über einer schönen, nächtlichen Wiese liegen. Nach dem dritten Umfliegen wendet sich der Maikäfer zum Hintergrunde, und sie fliegen hinaus, über die Wiese, immer weiter, auf den Mond zu. Die Melodie verklingt leise in der Ferne.)

Vorhang.

Ende des ersten Aufzuges.

Sternenwiese auf dem Mond

Eine weite, schneeweiße Fläche, mit vielen kleinen, weißen Pyramidenhügelchen bestanden. Auf jedem dieser kleinen Hügelchen sitzt ein kleines Mädchen in silbernem Kleid mit silbernem Haar. Alle haben auf den Knien große Strahlenkronen von Silber, an denen sie emsig mit goldenen Läppchen putzen. Im Vordergrunde steht rechts eine große silberne Pauke und links ein silbernes Fernrohr; an dieses angelehnt ein großes Pustrohr. Im Hintergrunde ist ein weißer Stall. Vom Himmel herab hängt ein silberner Glockenstrang. Zwischen Pauke und Fernrohr wandert das Sandmännchen steifbeinig auf und nieder. Es hat ein rotes, lustiges Gesicht, kugelrunde, große Augen, mit denen es immerfort zwinkert, eine spitze, lange Nase und ein spitzes Bäuchlein. Auf dem Kopfe sitzt ihm eine seltsame Zipfelmütze. Es hat einen himmelblauen Schlafrock an und himmelblaue Pantoffel. Schlafrock und Pantoffel sind mit kleinen, weißen Sternchen bestickt. In den Händen, die es meistens gravitätisch auf dem Rücken verschränkt hat, hält es einen großen Paukenstock. Über diesem allen spannt sich ein schwarzer Himmel ohne irgendwelche Sterne. Auf der Wiese herrscht magisches, bläulich-weißes Leuchten, das vom Boden auszugehen scheint. Als der Vorhang sich teilt, geht ein silbernes Lachen von den vielen kleinen Sternenmädchen über die Wiese.

Sandmännchen

Was lacht ihr denn so, ihr dummen Dinger?
Guckt mir lieber auf eure Finger!
Sonst gibt's wieder blinde Flecken am Himmel,
Grünspan am Mond, auf der Milchstraße Schimmel!
Es kommt jetzt bald der Onkel Komet,
Und wenn da nicht alles am Schnürchen geht,

Frißt er von euch gleich ein Dutzend zur Strafe,
Rips – raps – rups, wie der Wolf die Schafe!
Also, jetzt wird mir flott geschruppt
Und nicht gelacht oder sterngeschnuppt!

(haut auf die Pauke.)

Drittes Sternchen

Sandmännchen, mein Strahl hat ’nen Fleck!

Sandmännchen

Putze nur tüchtig, dann geht er weg!

Drittes Sternchen

Ach, mein Kind ist nicht artig gewesen.

Sandmännchen

Gut, dann nimm mal den Scheuerbesen!

(Das Sternchen holt eine Bürste hervor und scheuert.)

Viertes Sternchen

Sandmännchen, mein Strahl hat ’ne Scharte!

Sandmännchen

Ei, da nimm nur den Schleifstein, warte!

Viertes Sternchen

Ach, mein Kind hat Kuchen stibitzt!

Sandmännchen

So, dann schleife nur, bis du schwitzt!

(Das Sternchen schleift seinen Strahl auf einem kleinen Schleifstein.)

Fünftes Sternchen

Sandmännchen, mein Strahl ist verbogen!

Sandmännchen

So, dann hat dein Kind wohl gelogen?

Fünftes Sternchen

Ja, ich glaube, schon wieder einmal.

Sandmännchen

Hier ist der Hammer, klopfe den Strahl!

(Das Sternchen klopft mit dem Hämmerchen.)

Sandmännchen

Ja, wenn die Kinder doch artig wären!
Wissen gar nicht, wie sie uns hier
Auf der Mondwiese das Leben erschweren. –
Wir müssen putzen und klopfen und schaben,
Wenn sie ihr Sternchen bekleckert haben.

(zum Publikum)

Himmel Bomben und tausend Granaten,
Seid mir ja artig – das will ich euch raten!

(Es rollt fürchterlich mit den Augen, schnaubt sich und haut auf die Pauke.)

So, jetzt wird wieder ein Lied gesungen,
Damit die kleinen Mädchen und Jungen,
Die auf der Erde im Bettchen liegen,
Im Traum was Nettes zu hören kriegen.

(Die Sternchen singen gemeinsam, während das Sandmännchen mit dem Paukenstock den Takt schlägt.)

Singe, singe, sing', die Sternelein
Sitzen alle rings im Reih'n,
Putzen ihre Zicke-Zacken fein,
Müssen blitze-blinke-sauber sein –
Bums! (Das Sandmännchen haut auf die Pauke.)

Husche, husche, husche, in der Nacht,
Wenn die Welt sich dunkel macht,
Finke-funkeln alle, welche Pracht,

Und der ganze Himmel blitzt und lacht –
Bums!

Surre, surre, surre, schläft das Kind,
Summ, summ geht der Wind.
Silbersand aus Sandmanns Säckchen rinnt,
Siebenhunderttausend Sternlein sind –
Bums!

Sandmännchen

(sieht auf eine riesengroße Taschenuhr, die es mit vieler Umständlichkeit aus dem Schlafrock praktiziert)

Hallo, die Sonne ist untergegangen
Auf der Erde, (es lauscht) die Abendglocken klangen; –
Seid ihr fertig mit eurer Putzerei?

Die Sternchen

Ja, Sandmännchen, ja!

Sandmännchen

Dann eins, zwei, drei,
Die Strahlen auf, ich ziehe die Bimmel,
Und jedes huscht auf sein Plätzchen am Himmel!

(Alle Sternchen setzen ihre Strahlenkronen auf und erheben sich. Jedes holt ein kleines Spiegelchen hervor und ordnet sich die silbernen Locken. Alsdann zieht das Sandmännchen an dem Glockenstrang, und es ertönt ein Klingen wie von tausend silbernen Glöckchen aus der Höhe.)

Sandmännchen

(läutet).

Die Sternchen

(singen)

Auf der Erde ist Frieden,
Auf der Erde ist Ruh,
Alle Kinderlein schlafen,
Haben die Äuglein zu.

Alle Tierlein auf dem Felde,
Alle Vöglein im Wald,
Alle Fischlein im Wasser
Träumen nun bald.

Hoch am Himmel, im Schweigen
Der heiligen Nacht,
Halten viel tausend Sternlein
Treu ihre Wacht.

Silberglöckchen, die läuten,
Und Silberlicht rinnt,
Und die Sternlein, die singen, –
Süß träumt das Kind.

(Alle Sternchen verschwinden mit einem Schlage. Im gleichen Augenblick ist der bis dahin schwarze Himmel tiefsammetblau und von Sternen übersät. Das Sandmännchen läutet noch eine kleine Zeit und hört dann auf.)

Sandmännchen

So, nun muß ich noch mal sehen,
Ob sie auch alle richtig stehen!

(geht ans Fernrohr, richtet es und sucht den Himmel ab.)

Ihr da, ihr beiden, ihr steht mir zu dicht!

(Zwei Sternchen rücken voneinander fort.)

Und du da, du Kleiner, das geht so nicht;
Du mußt ein klein wenig höher stehen,
Sonst kann man dich von der Erde nicht sehen!

(Das Sternchen rückt.)

Hallo – was ist denn das für ein Klumpen?
Wollt ihr wohl auseinander, ihr Lumpen!

(Ein Haufen Sternchen stiebt auseinander.)

Die haben sich immer was zu erzählen;
Na, wartet nur, das könnte mir fehlen!

(Es läßt das Fernrohr.)

So, nun scheinen sie richtig zu stehen. –
Da will ich mal nach den Mondschäfchen sehen,
Die müssen mir auch auf die Himmelsweide!

(wischt sich den Schweiß.)

Ach ja, man hat schon so seine Freude!
Ist eines von den schwierigsten Dingen,
So einen Himmel in Ordnung zu bringen.

(Es geht zum Stall im Hintergrund und macht die Tür auf.)

Heraus, heraus auf die Himmelswiese!
Es gibt wieder herrliches Schnuppengemüse!

(Es stürzen etwa ein Dutzend kleine, weiße Schäfchen heraus, nach Art der Kinderschäfchen auf kleinen Rollbrettchen. Sie rollen quer über die Szene und verschwinden rechts. Gleich darauf zieht eine Kette silberner Lämmerwölkchen von rechts am Himmel auf.)

Die hätten, was sie brauchen; und nun
Muß ich noch das Wichtigste tun.
Alles soll hübsch nach der Reihe gehen;
Jetzt will ich nach Säckchen und Pustrohr sehen.
Muß den Kindern noch in die Äugelein
Meinen silbernen Schlafsand streu'n,
Damit sie hübsch stille im Bettchen liegen
Und ordentlich rote Bäckchen kriegen.

(Es nimmt das Pustrohr, füllt es aus dem Säckchen, geht nach dem Hintergrund und bläst viermal einen silbernen, leuchtenden Staub in die Luft. Alsdann kommt es nach vorn und sieht noch einmal über den ganzen Himmel hin.)

So, nun ist Ordnung für diese Nacht!

(selbstzufrieden mit den Augen rollend.)

Sandmännchen hat's wieder gut gemacht. –
Ich denke, es wäre jetzt ganz schön,
Auf der Milchstraße ein wenig spazieren zu gehen.

(Es dreht sich herum und zieht seine Uhr.)

Um zwölf Uhr bin ich zum Kaffee geladen
Bei der Nachtfee. – Nun, da kann es nichts schaden,
Wenn ich mir noch etwas Bewegung verschaffe.
Er ist überhaupt viel zu stark, der Kaffee,
Den die Nachtfee braut; kann ihn gar nicht vertragen
Und kriege immer das Kullern im Magen.

(reibt sich mit komischem Fratzenschneiden den Magen.)

Und die Sahne, die ist auch viel zu dünn;
Weshalb ich bestimmt der Ansicht bin,
Es ist eine Krankheit unter den Himmelskühen,
Und man müßte den Wendekreistierarzt bemühen.

(schwenkt herum.)

Na also, ich geh' mal zum Milchstraßenmann,
Ob mir der darüber was sagen kann.

(wirft noch einen Blick auf den Himmel.)

Hübsch ist mein Himmel, so blank und fein,
Kein Königsmantel kann sauberer sein.

(Es stutzt plötzlich und legt die Hand über die Augen.)

Potz tausend Granaten, was ist denn das? –

(Es starrt auf eine Stelle am Himmel und stürzt dann zum Fernrohr.)

Da muß ich doch gleich mal durch's große Glas! –

(visiert die Stelle mit dem Fernrohr an.)

Nanu – das ist ja – seh' ich denn recht?

(wischt sich heftig seine kleinen, kugelrunden Äugelchen und guckt wieder.)

Wahrhaftig! – Na, der Spaß ist nicht schlecht!
Da kommt ja ein richtiger Maikäfer an,
Und zwei Kinderchen fliegen hinterdran?

(richtet sich auf, starrt staunend in die Luft und putzt sich immer wieder die Augen.)

Guck an, man hat doch schon viel erlebt;
Aber sowas?... Kommen da angeschwebt,
Als wär's so ein Sonntagnachmittagsvergnügen,
Schwupp, von der Erde zum Mond zu fliegen.
Man muß es im Mondkalender buchen! –
Neugierig bin ich, was sie hier suchen.
Will mal erst tüchtig die Pauke schlagen
Und sie anbrüllen und grimmig ausfragen.

(Es schwingt den Paukenstock, schlägt dreimal wuchtig auf die Pauke und schneidet eine fürchterliche Grimasse.)

Bum, bum, bum – hier ist der Mond!
Rausgeschmissen wird, wer hier nicht wohnt!

(Der Maikäfer, Peterchen und Anneliese erscheinen von rechts.)

Maikäfer

Guten Abend, Herr Sandmann. Sie wollen gütigst entschuldigen ...

Sandmännchen

Was, was, was, entschuldigen? Er ist ein Maikäfer, Er gehört auf die dicke Kastanie und nicht auf den Mond! Was will Er hier? (schlägt auf die Pauke.) Ich werde mal gleich ein paar Sternraketen gegen ihn abschießen, daß ihm der Bauch platzt!

Anneliese

Ach nein, Herr Sandmännchen; bitte nicht schießen, bitte nicht böse sein; da hast du auch einen Apfel; sei gut!

(Sie hält ihm im ausgestreckten Händchen einen Apfel hin.)

Sandmännchen

(schon etwas begütigt)

Nanu? – Was ist denn das für ein kouragiertes, kleines Frauenzimmerchen? Einen Apfel willst du mir schenken? Das ist allerdings 'ne Seltenheit auf dem Mond. Hier wächst so etwas nicht. Nur auf der Weihnachtswiese, da wachsen die vergoldeten Äpfel, aber davon kann man leider nichts haben. – Gib mal her!

(nimmt den Apfel und beißt hinein. Mit beiden Backen schmausend.)

Hm, das schmeckt großartig; so was hab' ich noch nie gegessen; sehr schön, sehr schön! (Schon sehr begütigt.) Aber, nun sagt mal, ihr Hemdenmätze ihr; was wollt ihr denn hier oben? Ihr sollt doch schlafen!

Peterchen

(tritt vor)

Herr Sandmännchen, wir sind auf einer Abenteuerfahrt. Wir sind ausgezogen, um dem armen Maikäfer Sumsemann hier sein Beinchen zurückzuerobern.

Sandmännchen

Hoho! Du bist ja ein sehr kühner, kleiner Mann! – – Gib mir mal auch einen Apfel!

Peterchen

Ja, den geb' ich dir gerne. Aber dann sag' uns auch, wo das Beinchen ist.

(Er gibt dem Sandmännchen einen Apfel, das Sandmännchen schmaust.)

Sandmännchen

Schmeckt prächtig, schmeckt prächtig! Ja, und nun wartet mal! Wie heißt der Maikäfer doch? – Sumsemann? – Sagtest du nicht Sumsemann?

Maikäfer

(Kratzfuß)

Sumsemann, zu dienen, Herr Sandmann!

Sandmännchen

(tippt sich auf die Stirn.)

Ja, da fällt mir etwas ein!... Sumsemann, Sumsemann? Den Namen hab' ich doch schon gehört?... Aha, jetzt weiß ich es wieder! Du bist der Maikäfer, dessen sechstes Beinchen hier auf dem Berg beim Mann im Monde ist?

Maikäfer

(Kratzfuß)

Ganz richtig, Herr Sandmann!

Sandmännchen

O ja, o ja, deine Geschichte kenne ich; sie ist traurig, sie ist sehr traurig. Die Nachtfee hat sie uns einmal auf dem Kaffeeklatsch erzählt; wir waren alle sehr gerührt. (starrt ihn an.) Kreuz Himmelsziege und Mondsalat; und da hast du tatsächlich zwei artige Kinderchen entdeckt, die dir helfen wollen? Na, da hast du aber Glück; das heißt, wir wollen erst mal sehen, ob die Kinder auch immer artig waren. (zu den Kindern) Wie heißt ihr beide?

Peterchen

Ich heiße Peterchen!

Anneliese

Ich heiße Anneliese!

Sandmännchen

(zieht an dem Glockenstrang, und das Läuten der vielen Glöckchen ertönt. Darauf hält es die Hände an den Mund und ruft zum Himmel hinauf:)

Die Sternchen von Peterchen und Anneliese sollen mal schnell herunterkommen!

(Zwei Sternchen fallen vom Himmel, und gleich darauf stehen zwei liebliche Sternenmädchen auf der Wiese und strecken nach den Kindern die Arme aus. Die Kinder laufen jubelnd zu den Sternchen und schmiegen sich an sie.)

Peterchens Sternchen

Peterchen! mein Peterchen!

Annelieses Sternchen

Meine kleine Anneliese!

Sandmännchen

Na, nun mal keine unnötige Rührung;
Die Sache ist ernst, es geht um die Führung!

(streng.)

Peterchens Sternchen, gib genauen Bericht;
War Peterchen artig, oder war er es nicht?

Peterchens Sternchen

(küßt Peterchen)

Mein kleiner Junge war artig und brav,
Immer, immer, im Wachen und im Schlaf.

Sandmännchen

Und du, kleines Sternchen, gib mal Bescheid!
War Anneliese artig zu jeder Zeit?

Annelieses Sternchen

(küßt Anneliese)

Mein kleines Mädchen ist immer lieb gewesen;
Von keiner Unart weiß ich, von keinem Bösen.

Maikäfer

(schreit)

Hurra, hurra, das ist mal ein Glück!
Jetzt krieg' ich gewiß mein Beinchen zurück!

(Er ist so wild umhergesprungen vor Vergnügen, daß er abermals auf den Rücken gefallen ist.)

O – das ist sehr fatal – entschuldigen Sie, meine Herrschaften!

Sandmännchen

(komisch erschreckt)

Nanu? – Was macht denn der? Was ist denn das für 'ne neumodische Art, sich zu benehmen?

Maikäfer

Ach, mir war die Freude so in die Glieder gefahren!

Sandmännchen

Und da muß er gleich alle Glieder von sich strecken?

(Peterchen und Anneliese eilen ihm zu Hilfe, und er kommt wieder auf die Beine.)

Peterchen

Herr Sandmännchen, dafür kann er nicht; es passiert ihm aus Versehen. Ich kenne das von den Maikäfern. Und er hat auch nur fünf Beinchen, da kann er sich nicht so schnell rappeln.

Sandmännchen

(streichelt die Kinder.)

Na ja, ich sehe jetzt, daß ihr gute Kinder seid und will euch helfen. Also, nun nehmt mal zuerst von euren Sternchen Abschied!

(Peterchen und Anneliese umarmen ihre Sternchen.)

Peterchen

Leb' wohl, mein liebes Sternchen, ich danke dir schön!

Anneliese

Leb' wohl, mein liebes Sternchen, auf Wiedersehen!

Die Sternchen

Ade, ihr lieben Kinderchen, vergeßt uns nicht!
Wir grüßen und wir winken euch mit silbernem Licht!

(Sie huschen fort und tauchen im gleichen Augenblick am Himmel als Lichtpünktchen auf. Die Kinder starren ihnen nach.)

Peterchen

Husch, sind sie fort! – Guck Anneliese,
Da stehen sie wieder auf der Himmelswiese!

Sandmännchen

So, nun kommt mal her, Kinderchen; jetzt wollen wir beraten, wie wir es am besten anfangen. Die Geschichte ist nämlich gar nicht so einfach, denn der Mondmann ist sehr böse.

Peterchen

(mutig)

O, den hau' ich schon mit meinem Schwert!

Sandmännchen

(lächelt)

Na ja, du mutiger, kleiner Mann, das glaube ich dir schon; aber so mir nichts, dir nichts, geht die Sache denn doch nicht; es muß schon ein wenig vorbereitet werden, und da kommt mir eben ein großartiger Gedanke.

(zieht die Uhr.)

Jetzt ist es halb zwölf; um zwölf Uhr bin ich bei der Nachtfee zum Kaffeeklatsch geladen; mein Mondschlitten muß gleich hier sein. Also, da will ich euch mal etwas sagen: Ihr steigt jetzt alle drei mit ein, und wir fahren zu Vieren zur Nachtfee aufs Schloß. Dort sind noch viele andere Leute eingeladen; mit denen wollen wir gemeinsam beraten, wie es am besten zu machen ist.

Peterchen

Das ist famos – da freue ich mich drauf!

Maikäfer

(Kratzfuß)

Verbindlichsten Dank, Herr Sandmann!

Sandmännchen

Seht ihr, da kommt auch schon mein Schlitten!

(Ein schneeweißer Schlitten, von sechs silbernen Nachtfaltern gezogen, fährt vor.)

Sandmännchen

Einsteigen, einsteigen, wir haben keine Zeit,
Der Weg ist weit, der Weg ist weit!

(Alle steigen ein – Sandmännchen setzt sich auf den Bock.)

Sandmännchen

(knallt mit der Peitsche)

Hui, hallo, auf, wie der Wind!
Wie der Blitz gefahren, geschwind, geschwind!

(Sie fahren davon.)

Vorhang.

Ende des zweiten Aufzuges.

Das Schloss der Nachtfee

(Großer Saal im Schloß der Nachtfee. Eine blaue Kuppelhalle, in die von oben die Sterne hereinsehen. Rechts und links weite Eingänge vor schwarzem Hintergrunde. Der Boden der Halle ist silbergrau. In der Mitte des Raumes steht eine silberne Treppenpyramide mit einem Thron. Der Thron leuchtet von innen. Rechts und links von dem Thron zwei Tafeln aus blassem Marmor, auf denen silberne Tassen und silberne Teller stehen. Bei jedem Gedeck steht ein silberner Stuhl. Auf dem Thron sitzt die Nachtfee, in einem tiefblauen Mantel, der mit Sternen bestickt ist. Sie hat ein blasses, edles Antlitz. In ihrem tiefschwarzen Haar trägt sie eine silberne Mondsichel als Krone. In der Halle herrscht bläuliche Dämmerung. Aus der Höhe ertönt eine süße Harfenmusik, zu deren Melodie an dem Fries der Halle entlang eine Kette reigentanzender Sternenmädchen ununterbrochen hinzieht. Es sieht aus, als kämen die Mädchen vom Himmel herein, zögen durch den Raum und wieder in die Tiefe der Nacht hinaus. Eine Glocke schlägt aus der Höhe mit zwölf tiefen Schlägen.)

Nachtfee

Mitternacht! – Die Welt schlief ein;
Frieden, Frieden soll über ihr sein!

(Ein ferner Chor nimmt den Ruf auf und singt immer leiser, immer ferner.)

Frieden, Frieden soll über ihr sein,

(Der Chor verklingt.)

Nachtfee

Nun kommen wohl bald meine Gäste an,
Ich höre schon den Donnermann.

(Man hört fernen Donner, stärker und stärker. Plötzlich gibt es einen gewaltigen Krach, und auf einer großen Pauke kommt von rechts der Donnermann hereingeritten. Er hält vor dem Thron der Fee und steigt ab. Eine riesige Gestalt, dick und ungeschlacht, mit rotem, borstigem Bart und roten Haaren. Er hat ein schwarzledernes Wams an und hohe Kanonenstiefel.)

Donnermann

(macht vor der Nachtfee eine Verbeugung.)

Zum Donnerwetter, da bin ich gekommen;
Habe mir keine Zeit genommen;
Bin gleich, weil du mich geladen hast,
Auf meiner Pauke hierher gerast.
Mein Weib, die Blitzhexe, läßt dir sagen,
Sie hätte noch schnell mal wo einzuschlagen
Und käme dann hinterher geritten;
Derweil zu grüßen läßt sie bitten!
Potz – Himmel – Bomben – Donnerwetter,
Unterwegs überholt' ich meinen Vetter,
Den Hagelhans, er muß gleich kommen,
Hat ein graues Wolkenschiff genommen,
Hat ein Loch an der Mondsichel ins Segel geschnitten,
Läßt derweil durch mich um Entschuldigung bitten.
Potz – Krach – Blitz – Donner – Bombenschlag –

Ich bin hier und sage dir guten Tag!

(Es donnert, und er verneigt sich.)

Nachtfee

Ich danke dir für deinen Gruß, mein Lieber;
Setz' dich nur dort an die Ecke herüber,
Und ich bitte dich, mach' ein freundlich Gesicht
Und erschreck' mir meine Sternenkinder nicht!

Donnermann

(nimmt Platz)

Potz Bomben, ich will's versuchen, schöne Frau;
Doch entwischt mir ein Donner, nimm's nicht so genau.

Nachtfee

(verbindlich)

Bitte, bitte, ich lege darauf kein Gewicht,
So ein klein wenig schadet ja nicht. –
Ah, die Windliese kommt, sie ist sehr schnell
Und immer mit den Ersten zur Stell'.

(Ein Windsausen geht durch die Luft, und die Windliese kommt von rechts auf einem Besen hereingeritten. Sie hat ein rotbäckiges, dickes Gesicht; blondes, wirr um den Kopf stehendes Haar und ein graublaues

Schleierkleid. Während sie spricht, säuselt ein leiser Wind; wenn möglich flattern ihre Schleier.)

Windliese

(macht einen Knicks)

Hui – hui – Sumsiselsei!
Komm' schnell auf meinem Besen herbei,
Hab' tausend Meilen zurückgelegt,
Bin über Wiesen und Wälder gefegt,
Hab' an allen Türen und Fenstern gerüttelt,
Hunderttausend Kirschen von den Bäumen geschüttelt.
Haha – hoho – huhu – sieh sieh –
Die Windliese ist hie, die Windliese ist hie!

(Sie knickst noch einmal.)

Nachtfee

(begrüßt sie)

Freut mich sehr, daß Sie zu meinem Kaffee kamen
Und sich die Zeit bei ihren Geschäften nahmen.
Ich habe noch eine Reihe von Gästen geladen,
Es gibt Kaffee, Schokolade und Mondscheinfladen.
Der Donnermann ist auch gekommen
Und hat zur Linken Platz genommen.

(Sie begrüßen sich.)

Donnermann

Potz Knatter, freut mich, Base Wind,
Daß Sie so schnell gekommen sind.
Wo ist denn aber mein Freund, Ihr Mann,
Der Sturmriese? Kommt er noch hinterdran?

Windliese

(knickst und säuselt)

Mein Mann hat noch auf dem Meere zu tun,
Wirft noch ein paar große Mastbäume um;
Es dauert nicht lange, bald ist er hier.
Eh' ich abgereist bin, sagte er mir:
"Bügele mir auch die Windhose gut
Und meinen neuen Wirbelwetterhut!"
Er brüllte dann noch etwas von Grüßen
An seinen Freund, den Donnerriesen ...

Donnermann

(verneigt sich)

Danke, danke, war mir immer ein großes Vergnügen,
Mit dem Sturmriesen über die Erde zu fliegen.

Windliese

(knickst und kreiselt unter fortwährendem Säuseln zu ihrem Platz.)

Nachtfee

Ich merke schon, die Luft wird grau;
Jetzt kommt wohl die dicke Wolkenfrau.

(Es kommt von rechts eine dicke, grauhaarige, pausbäckige Frau herein, in eine mächtige, graue Krinoline und eine dunkelblaue Bluse mit großen Ballonärmeln gekleidet. An Ärmelenden, Hals und Rocksaum sehen weiße Kanten hervor. Sie hat gemütliche, langsame Bewegungen und eine weiche, tiefe Stimme.)

Wolkenfrau

(mit Verneigung)

Guten Tag, Frau Nachtfee,
Wie geht's auf dem Mond?
Ich finde, daß es sich immer noch lohnt,
Sie zum Kaffee in ihrem Schloß zu besuchen;
Sie haben ausgezeichneten Fladenkuchen.

Nachtfee

Liebe Wolkenbase, ich freue mich sehr,
Setzen Sie sich nur hierher!
Sie finden schon Freunde, (mit Handbewegung)
den Donnermann
Und die Windliese ...

(Die beiden erheben sich und begrüßen die Angekommene.)

Wolkenfrau

(knickst)

Ah, das nehm' ich mir an!
Zwei so angenehme, sympathische Leute;
Es ist mir eine besondere Freude!
Ich hoffe nur, daß die Sonne, das Biest,
Nicht etwa auch geladen ist;
Hat mir neulich wieder durch's Kleid gebrochen
Und mich mit ihren Strahlen zerstochen.

Nachtfee

Die Sonne kommt auch, es war an der Zeit;
Das verlangt die Sitte und Höflichkeit.
Ich habe sie aber so gesetzt,
Daß sie die Base nicht weiter verletzt;
Mir ist ja die alte Feindschaft bekannt.

Wolkenfrau

(verneigt sich)

Sehr liebenswürdig, sehr charmant!

Nachtfee

Bitte, nehmen sie Platz beim Donnermann!

Wolkenfrau

(setzt sich dort)

Nicht angenehmer man sitzen kann!

(Es wetterleuchtet im Raum.)

Nachtfee

Die Blitzhexe kommt, man merkt sie schon ...

(Der Donnermann springt auf und donnert.)

Nachtfee

Oh bitte, bitte, mehr Distinktion!
Sie dürfen Ihre Liebe hier nicht so zeigen;
Hübsch sittsam sein, abwarten und schweigen!

(Der Donnermann setzt sich verlegen.)

Donnermann

Potz Donner, Verzeihung, es ist mir entwischt!
Wenn ich merke, daß mein Blitzweib irgendwo zischt,
Dann kriege ich immer den Donnerdrang ...

(Ein greller Blitz zuckt auf, die Blitzhexe saust von rechts auf einem toten Baumast herein. Sie hat ein schwefelgelbes Kleid an, ein gelbes, spitzes Hexengesicht, lange, gelbe Krallenfinger und eine starr nach hinten in die Luft stehende, lohrote Haarfahne. Als sie hereinspringt, fährt der Donnermann von seinem Sitz und begrüßt sie mit einem schmetternden Donnerschlag.)

Donnermann

(brüllt und umarmt die Blitzhexe)

Mein Weib, mein geliebter Schwefelgestank!

Blitzhexe

(schrill)

Bin hie – grüß di! – Sirrrr – sirrrr – krakecks!

(Sie wendet sich zur Nachtfee.)

Sirrrr – sirrrr – liebe Base – da ist der Blitz!
Zerschlug nur noch schnell eine Kirchturmspitz',
Hatte Auftrag, mußt' ihn erledigen schnell;
Sirrrr – sirrrr – krakacks, – bin zur Stell'!

(Wenn sie "Sirr – Sirr" sagt, blitzt es.)

Nachtfee

Liebe Blitzhexe, es ist mir sehr angenehm,
Ich hoffe, Sie machen es sich bequem;
Doch bitte ich, etwas weniger Schwefelduft.

(Sie hält sich die Nase zu. Der Donnermann brüllt vor Lachen.)

Sie verderben mir sonst die gute Luft.

Blitzhexe

(knickst)

Gewiß, gewiß, weiß auch, was sich schickt,
Wird eben der Schwefelfaden abgezwickt.
Sirrr – will mich beherrschen, hoffe, es glückt;
Wenn's mich auch drängt und zwackt und jückt,
Den köstlichen Feuerduft zu verbreiten;
Sirrr – sirrr – das sind ja nur Kleinigkeiten!

Nachtfee

Bitte, bitte, (mit Wendung zu den anderen)
Windliese und Wolkenfrau
Nehmen's damit wohl nicht genau;
Aber es kommen noch andere Gäste
Zu meinem heutigen, schönen Feste:
Das Taumariechen, der Milchstraßenmann,
Die man nicht gut beschwefeln kann.
Verzeihen Sie also meine Bitte,
Und nehmen Sie Platz, liebe Base Blitz,
Ich glaube, es kommt schon der Regenfritz.

(Die Blitzhexe knickst und springt in Zickzacklinien zu ihrem Platz. Man hört Regenrauschen und auf einem großen Regenschirm kommt von rechts der Regenfritz herein. Eine fadendünne, lange Gestalt in schlechtsitzendem, grauem Überrock, zu kurz geratenen, grauen Hosen, grauem Zylinder und ausgetretenen Zugstiefeln. Langes, strähnig hängendes, verwaschen blondes Haar; eine rote, spitze Schnupfennase und Triefaugen. Er hat eine ölig flötende, melancholische Greinstimme. Er trieft von Wasser. Wo er steht, bilden sich sofort Pfützen.)

Regenfritz

Drüppelü – tüp – tüp – liebe Fee der Nacht,
Sie haben mir gütige Einladung gemacht.

(Er verbeugt sich.)

Ich bin gerne gekommen – tüp – top – tü – ti,
War ein weiter Ritt auf dem Parapluie.
Hab' zwar im Mai meist wenig zu tun,
Hin und wider mal drüppeln, meist muß ich ruh'n;
Hab's aber eben noch gerade erreicht
Und fünfzig neue Kleider milde durchgeweicht,
An siebzehn Stellen sanft durch die Decke geregnet,
Tische, Stühle und Betten mit Pfützen gesegnet,
Zwölf Landpartien freundlich berieselt,
Zweihundert Kinderchen haben's mit Schnupfen benieselt,
Dreizehn Handwerksburschen, bis aufs Hemd,
Habe ich liebevoll durchgeschwemmt. –
Nun ja, man muß eben zufrieden sein,
Der Mai ist trocken, die Arbeit nur klein.

Nachtfee

Es freut mich, mein Herr Regenfritz.
Hier linker Hand ist jetzt Sein Sitz;
Aber sage Er nur, was fängt Er an,
Hat Er gar nichts Gutes auf Erden getan?
Treibt er da unten denn nur noch Possen?

Regenfritz

O nein, Frau Nachtfee, ich hab' auch begossen
Einige Felder und einige Wiesen
Und einige Gärten mit Obst und Gemüsen.
Jedoch nach dem lieben Monat April
Ist im Mai die Zeit langweilig und still.
Da nehm' ich dann tüp – tüp – die Regenspritze
Und mache meine unschuldigen Witze.
Ich gehe dabei nicht so stürmisch zu Werke
Wie die anderen, die ich hier bemerke;
Ich mache das sanft und lasse mir Zeit,
Bei vieler Milde und Gründlichkeit.

Nachtfee

Gewiß, ich weiß, ohne Donnern und Blitzen –
Nur riesele Er, bitte, hier keine Pfützen!

(Die bereits Angekommenen machen ein Freudengetöse.)

Regenfritz

(indem er sich zu ihnen setzt)

Sie brauchen gar nicht so grob zu lachen
Und sich über mich lustig zu machen;
Heute ist der und morgen ist jener in Mode,
Und ein jeder von uns hat seine Methode.

Nachtfee

Der Sturmriese kommt, ich höre ihn heulen.

(Lautes Brausen ertönt. Der Sturmriese springt herein; eine gewaltige Gestalt, die größte von allen. Der Sturmriese trägt keinerlei Gewandung, sondern ist mit schwarzem, zottigem Fell behaart, hat einen mächtigen, schwarzen Bart, ebensolches Haar und trägt ein paar gewaltige, schwarze Flügel an den Schultern. In der Faust hält er einen abgerissenen Eichenast.)

Sturmriese

Puh! – Da bin ich! – Komme vom Ozean,
Schnallte meine schnellsten Flügel an!
Bin wie der Teufel durch die Luft gesaust,
Durch Gebirg und Urwald herangebraust!
Ließ auf dem Flug mir keine Zeit,
Weil Ihre Einladung mich furchtbar freut!
Habe nicht Wind- noch Wasserhose angezogen,
Sie müssen verzeihen, bin so geflogen! (Er verneigt sich.)

Nachtfee

Lieber Sturmriese, es ist mir ein großes Vergnügen,
Daß Sie meinetwegen so eilig fliegen;
Doch muß ich sagen, es wäre schön,
Sie etwas mehr bekleidet zu seh'n.
Bitte, setzen Sie sich hinter die Wolkenfrau,
Die nimmt es damit nicht so genau.

Sturmriese

Danke, danke! (setzt sich dort.)

Wolkenfrau

(ängstlich)

Nicht zu nahe setzen,
Und mir nicht wieder das Kleid zerfetzen,
Wie neulich, das war sehr ungezogen!

Sturmriese

Hu – hu – das war nur ein harmloses Spielen!

Wolkenfrau

Ich liebe es nicht, das Kleiderzerwühlen!

Nachtfee

Es wird kühl, die Eisgeschwister kommen an,
Draußen trommelt der Hagelmann.

(Man hört ferne Trommelwirbel, die sich schnell nähern. Der Hagelhans kommt herein, ein großer Mann, mit glattem, blau geschminktem Gesicht, in enganliegender Uniform von silbergrauer Farbe mit blauer Stickerei. Silbergraue Gamaschen und blaue Bärenmütze. An den Stiefeln trägt er große Radsporen und eine große, silberne Trommel am Gürtel, auf der er Wirbel schlägt.)

Hagelhans

(schlägt die Hacken zusammen)

Klirrrrr – der Hagelhans ist zur Stelle;
Hat viel zu tun in der Mittagshelle;
Muß in den heißen Frühlingstagen
Die Ehre des Winters zu Ansehn tragen;
Tut's gern, ist ihm eine dienstliche Pflicht,
Kennt Mitleid mit Blumen und Saaten nicht,
Zerschmettert all' den albernen Kram,
Wo er ihm in die Marschroute kam;
Schießt mit tausend Flinten zu gleicher Zeit, (schlägt einen Wirbel.)
Trifft sicher, ist gegen alles gefeit;
Kennt kein sanft säuselndes Betragen,
Hat immer alles kurz und klein geschlagen;
Ist gründlich in seinem Dienstrevier,
Nachts hat er Urlaub – jetzt ist er hier!

(grüßt militärisch.)

Nachtfee

Es freut mich der Besuch des gestrengen Herrn.
Ich habe zwar seine Arbeit nicht gern;
Doch ist sie wohl zu manchem gut,
Vornehmlich gegen den Übermut.
Bitte, nehmen Sie Platz, dort ist Ihr Sitz,
Neben dem Donnermann und der Base Blitz.
Ich glaube, zu unserer großen Freude
Ist Ihre liebe Schwester schon nah,
Frau Holle ...

(Frau Holle kommt in einem Wirbel von Flocken herein. Sie sieht aus wie ein großes, weißes Bett; hat ein gutmütiges, gerötetes Gesicht unter schlohweißem Haar und unter jedem Arm ein Bettkissen, aus dem, wenn sie darauf drückt, Flockenkaskaden aufsprühen.)

Frau Holle

(verneigt sich)

Frau Holle ist da! Frau Holle ist da!
Hab's beinah' verschlafen, ja ja, ja ja!
Halte schon meine Sommerruhe
Im hohen Norden. Meine Bettentruhe
Ist sorgsam vor der Sonne verschlossen;
Sie hat impertinent mit Strahlen geschossen;
Ich mußte tief ins Eisschloß fliehen,
Um mich nicht zu verbrühen, ja ja, zu verbrühen.
Hab' geschlafen, wie sieben Murmeltiere, –
Weckt ein Sternchen mich und brachte mir Ihre
Einladung zu dem großen Empfang; –
Besten Dank, liebe Base, besten Dank, besten Dank!

Nachtfee

Liebe Base Holle, es freut mich sehr.
Ich hoffe, es ward ihnen nicht zu schwer
Das Aufsteh'n, und denke Sie zu entschädigen. –
Bitte, bitte, lassen Sie sich nicht nötigen!
Schlagsahne wird es in Menge geben,
Ich weiß, Sie essen sie gern für ihr Leben.

Frau Holle

O köstlich, köstlich, Schlagsahne auf Eis;
Es gibt nichts Besseres, ich weiß, ich weiß! –
Ein schönes Fest, das muß man sagen;
Da kann man nicht klagen, gewiß nicht klagen.
Als Dank spendier' ich deinem Feste zum Glanz
Nachher meinen neuen Flockenwirbeltanz.

Nachtfee

Sehr liebenswürdig; ist mir eine Freude!
Bitte, setzen Sie sich an jener Seite!

(Frau Holle setzt sich. Durch die Tür tritt der Eismax. Große, schlanke Gestalt mit spiegelblanker Glatze und grünem, starr aufgebürstetem Schnauzbart. Er trägt ein Monokel. Seine glasgrüne Uniform ist mit silbernen Eisblumen bestickt. Er trägt weiße Lackstiefel mit silbernen Klingsporen. Sein Benehmen ist militärisch. Er schlägt die Sporen zusammen und grüßt.)

Eismax

Jnädigste Nachtfee, melde jehorsamst zur Stelle!
Jereist mit jletscherhafter Schnelle.
Zwar für mich unjewöhnliche Zeit;
Aber doch eisbärenmäßig jefreut!
Wo alle sich zum Empfang einstellen,
Darf Eismax selbstverständlich nich fehlen.
Bitte erjebenst, eines nur:
Etwas jekühlte Temperatur!
Und die Sonne, das jreuliche Weib,
Mir nich so nahe uff 'n Leib.

Kann die Person durchaus nich vertragen,
Krieje Triefaugen und weichen Kragen,
Janzer Anzug schlägt Jammerfalten,
Kann Monokel nich mehr halten.
Sonst vor Frauen stets jute Fijur,
Nur vor Sonne nich 'ne Spur;
Verdirbt mir Laune und jeden Spaß,
Weiß auch jarnich, bin ejal naß.
Unausstehlich! Na, überhaupt,
Denke, daß mir das jeder jlaubt!

Nachtfee

Bitte, Herr Eismax, ich weiß Sie zu schätzen
Und werde Sie kühl und luftig setzen.

Eismax

Danke erjebenst, bin sehr bejlückt,
Habe Eisblumensträußchen jepflückt,
Um anjemessen zu bejrüßen;
Lege jehorsamst zu Ihren Füßen.

(legt den Strauß auf die Thronstufen.)

Nachtfee

Danke sehr, danke, Herr Leutnant,
Sehr liebenswürdig, sehr galant. –
Bitte dort drüben am linken Tisch,

Jene Seite ist kühl und frisch.

(Der Eismax klirrt mit den Sporen und setzt sich. Herein kommt der Wassermann. Eine fette Gestalt, pausbackig, mit Schilfhaar, Froschmaul und -augen, Floßfingern und -zehen und grasgrüner Haut. Er trägt einen grünweiß gesprenkelten Badeanzug und in jeder Hand einen großen Schwamm.)

Wassermann

Putsch – patsch – blubber – quax! – Putsch – patsch!
blubber – quax!
Guten Tax allerseits – guten Tax – guten Tax!
War 'ne weite, beschwerliche Fahrt – noaaaaaa!
Bin aber blubber – blubber – trotzdem da.

(verneigt sich.)

Bin gefahren – uax – auf dem Muschelschiff,
Vom Grunde des Meeres – uax – wo ich schlief.
Meine Seejungfern tanzten am Ufer Reigen,
Spielten Schlickversteckens und Blasensteigen;
Haben mir in einer großen Blase
Die Einladung gebracht, Frau Base.
War mir – blubber – blubber – sehr schmeichelhaft,
Hab' mir neue – uax – Wasserhosen angeschafft;
Aber ich bitte, (drückt sich über dem Kopf einen Schwamm aus)
vor allen Dingen,
Mich – uax – uax – wässerig unterzubringen.
In der Luft – uax – ist es unangenehm. (drückt sich den andern

Schwamm über dem Kopf aus.)

Nachtfee

Machen Sie sich's nur recht bequem,
Bitte, ich habe auch daran gedacht
Und es Ihnen so schön als möglich gemacht.
Dort steht Ihre silberne Badewanne,
Ein Sternenmädchen soll mit der Kanne
Begießen.

Wassermann

Uax – das ist angenehm!

(steigt in die Badewanne.)

Ist mir – uax – ein lieber Platz!

(Ein Sternenmädchen kommt mit einer Gießkanne.)

Fang' nur gleich an, du kleiner Fratz!

(Das Sternenmädchen begießt ihn, und er stößt ein wohliges Grunzen aus.)

Nachtfee

Die Sonne naht sich, ich fühle ihr Licht.
Meine lieben Gäste, kränken Sie nicht
Die Königin, sie ist mir an Würde gleich

Und ehrt mit ihrem Besuch mein Reich.
Sie kommt mit ihren Töchtern und Söhnen,
Wir müssen uns an sie gewöhnen
Für einige Stunden, bei Kaffee und Kuchen;
Es bleibt ja bei Höflichkeitsbesuchen.

(Man hört eine ferne, rauschende Melodie. Goldiges Licht fließt in den Raum. Von links tritt die Sonne ein; ihr zur Rechten und Linken ihre beiden Töchter, Morgen- und Abendröte, hinter ihr die beiden Söhne, der Morgen- und der Abendstern. Die Sonne trägt ein goldenes Kleid und eine silberne Strahlenkrone. Sie hat ein edles Gesicht und weißes Lockenhaar. Ihre Töchter tragen rosige Schleier und purpurrote Kränze auf goldenen Locken; die Söhne gehen in silbernen Rüstungen. Beim Eintritt der Sonne erhebt sich die Nachtfee und mit ihr alle bereits Angekommenen. Der Eismax, die Wolkenfrau und Frau Holle drücken sich mit abwehrenden Gesten möglichst weit. Der Eismax sucht sich mit komischer Steifheit hinter die Wolkenfrau zu verstecken. Donnermann, Hagelhans, Windliese, Sturmriese, Blitzhexe und der Wassermann verneigen sich. Die Nachtfee steigt vom Thron und geht der Sonne entgegen.)

Nachtfee

Ich grüße die Hohe, die den Tag regiert,
Und, da Ihr Weg Sie zu mir geführt,
Soll Sie wissen, daß ich glücklich bin; –
Willkommen mir, Schwester, Königin!

(Sie umarmen sich. Während der Umarmung wird es abwechselnd hell und dunkel im Raum.)

Auch deine Kinder an deiner Seite
Sehe ich mit herzinniger Freude;
Morgen- und Abendröte, die Süßen,
Säumen den Himmel zu meinen Füßen.

(Sie küßt die beiden.)

Und deiner Söhne strahlendes Paar,
Morgen- und Abendstern, schmückt mir das Haar,
Wenn ich der Erde nahe und scheide; –
Ich dank' ihnen innig,

(schüttelt die Hände der beiden.)

ich liebe sie beide.

Sonne

Du schöne Schwester, du stille Nacht,
Der Gruß meiner Liebe sei dir gebracht.
Sind unsere Reiche auch ewig geschieden;
Mein ist die Arbeit – dein ist der Frieden;
Schlingen wir doch um die Guten und Bösen
Den *einen* Reigen und segnen die Wesen,
Die auf der wundertiefen Welt
Liebe in prunkendes Leben gestellt.
Gern kam ich, Schwester, zu deinem Feste;

(mit einer Neigung zu den anderen.)

Grüße auch deine anderen Gäste,
Stand in Verbindung mit manchem von ihnen,
Mußte mich oft ihrer Kräfte bedienen
In der müh'reichen Monde Flucht;
Freue mich, daß sie dich auch besucht.

(Die Sonne nimmt mit ihren Kindern an der Tafel zur Rechten der Nachtfee Platz. Die Nachtfee kehrt auf ihren Thron zurück. Das Taumariechen tritt von links ein. Ein süßes, blasses, dunkelhaariges Mädchen in mattsilbernem, kurzem Gazekleid über nachtblauem Grund. Auf ihrer Stirn ein silbernes Krönchen, an ihren nackten Armen und Füßen klingen silberne Reifen, von ihrem Gürtel hängen blasse Perlenschnüre. Sie trägt eine kleine, silberne Trinkschale. Bei ihrem Eintritt klingen leise Harfentöne in der Luft, wie fallende Tropfen. Sie tritt vor den Thron und kniet dort.)

Das Taumariechen

Liebe Mutter, ich habe für diese Nacht
Deinem Willen gehorsam mein Werk vollbracht;
Alle dürstenden Gräser und Blüten erquickt,
Alle schlafenden Wälder mit Perlen geschmückt;
Hing in Gärten viel Kettlein an Zweig und Baum,
Gab den grünen Büschen den Tropfensaum;
Füllte mit segnender Frische die Luft,
Strich auf Blätter und Früchte den silbernen Duft;
Hab' alle bunten Wiesen leise gekühlt,
Mit den Nebeln über dem See gespielt,
Hab' der Morgenröte das Land geschmückt
Und alle Wesen im Traum erquickt. –
Küss' mich nun, Mutter, mein Werk ward schön,

Und laß mich in deine Augen seh'n.

Nachtfee

(breitet ihre Arme aus)

Mein holdes, mein silberfüßiges Kind!

(Sie schließt ihre Tochter, die zu ihr hinaufeilt, in die Arme und küßt ihren Scheitel.)

Wo deine segnenden Hände sind,
Du reine Weihe der stillen Nächte,
Ich weiß es, wird allem Dürsten Glück,
Da atmet alle Schönheit leise,
Lieblicher noch durch deine Weise;
Und kehrst du in meine Tiefe zurück
Nach so viel holdem Liebesregen,
Segne ich dich zu neuem Segen,
Du Friedensüße, du leises Glück.

(Das Taumariechen setzt sich auf den Stufen des Thrones zu den Füßen der Nachtfee. Von links kommt der Milchstraßenmann herein. Er hat eine hellblaue Bluse an, weiße, weite Hosen, die in niederen Schaftstiefeln stecken und eine blaue Ballonmütze auf dem Kopf. Mütze, Bluse und Stiefel sind über und über mit Silbersternchen besät. Eine große Säuglingsflasche und eine Milchklingel hat er unter dem Arm. Er ist sehr erregt und tritt, ohne die Anwesenden zu beachten, vor den Thron.)

Nachtfee

Nun, Milchstraßenmann, was hast du zu sagen?

Milchstraßenmann

Frau Nachtfee, ich muß mich bitter beklagen! –
Die Gesellschaft, die du geladen hast,
Ist mir derart über die Milchstraße gerast,
Daß sie mir das Pflaster beschädigt haben
Und die Meilensteine, die Bäume, den Graben!
Das ist ein Benehmen, unerhört! –

(Unruhe an der linken Tafel.)

Jawohl, ich hab' mich zu recht beschwert!
Der Sturmriese kommt da mit Saus und Summ
Und wirft mir drei schöne Milchbäume um ...

(Der Sturmriese steht auf.)

Sturmriese

Nu nu, hu hu, das ist doch nicht schlimm?

Milchstraßenmann

Jawohl, du Tölpel, es macht mir Grimm!
Und die Wolkenfrau hat meine Meilensteine
Undeutlich gemacht!

Wolkenfrau

Nun aber, so eine
Sache ist doch nicht der Rede wert.

Milchstraßenmann

Was, was? Das ist ganz unerhört!
Wenn mal ein Komet geflogen kommt,
So kann er nicht lesen, wie weit es gewesen! –
Dann beschwer' ich mich über den Regenfritzen;
Er macht mir die Straße voller Pfützen
Und hat mir die schöne Milch verwässert …

Regenfritz

Tüp – tüp – dadurch wird doch die Milch verbessert!

Milchstraßenmann

Davon versteht er keine Spur
Mit seiner triefigen Drüppelnatur!

Regenfritz

Der kleine Bär hat mich aber gebissen,
Tüp – tüp und mir meine Hosen zerrissen!

Milchstraßenmann

Ist Ihm ganz recht, kann ich nur sagen! –
Und dann muß ich über den Donnermann klagen;

Er hat sich furchtbar schlecht betragen,
Hat blödsinnig gebummst und gedonnerkracht
Und die Himmelsziegen mir scheu gemacht!

Donnermann

(verlegen)

Das ist mir ganz aus Versehen passiert.

Milchstraßenmann

Ja ja, Er hat sich aufgeführt,
Daß man die Angst und die Bange bekam;
Und nun erst sein Weib, wie die sich benahm?
Kam immer so zickzack dahergeschlenkert
Und hat mir die ganze Allee verstänkert!
Ist das ein anständiges Ehepaar? –

Blitzhexe

Sirrrrr – sirrrrr – ist ja alles garnicht wahr!

Milchstraßenmann

Was? Noch viel mehr habt ihr angerichtet!
Der Hagelhans hat mir die Wiese vernichtet,
Wo die jungen Mondkälber gewöhnlich grasen.

Hagelhans

Ach wo, das war nur ein Tennisrasen!

Milchstraßenmann

Was Tennis? – Er ist ein Grobian!
Was geht ihn die Mondkälberwiese an?
Und der Wassermann kam da angeplantscht,
Hat mir alle Gräben übergepantscht!

Wassermann

Uax – Gräben sind doch für Wasser gemacht,
Das hab' ich mir – uax – dabei gedacht.
Ich dachte – noaaaaa – es macht dir Vergnügen?

Milchstraßenmann

(wütend)

Da kann man ja das Lütütü kriegen;
Was so ein watsch'liger Wassermann
Sich bei dem Unsinn denken kann! –
Meine Gräben sind für den Nebel bestimmt,
Den der Frühwind von den Feldern nimmt.
Seh' mir nur einer die Dösigkeit!

Wassermann

(gemütlich)

Uax – uax – noaaaa – das tut mir leid!

Milchstraßenmann

Frau Holle hat ein Stück Straße verweht,
Der Eismax hat der Jungfrau den Kopf verdreht.

Eismax

Kann nischt dafür, daß alberne Ziegen
Mir immer jleich zu Füßen liegen;
Bin innerlich überhaupt sehr kühl,
Weiß jarnich, was das Mächen will?

Milchstraßenmann

Er muß sich eben bescheidener führen
Und nicht so mit den Sporen klirren!

Eismax

Stramme Haltung, mein Element,
Weiß jeder, der den Eismax kennt!

Milchstraßenmann

Das ist mir gleich, ihr seid alle schlecht,
Und ich bitte die Nachtfee um mein Recht!

Nachtfee

Liebe Gäste, der Milchmann hat sich beschwert,
Und Sie haben seine Klagen gehört;
Sie dürfen den Braven mir nicht verletzen
Und müssen ihm den Schaden ersetzen.

Alle

Natürlich, natürlich, es tut uns leid;
Wir sind dazu sehr gern bereit.

Nachtfee

Lieber Milchmann, nun habe die Freundlichkeit
Und sieh' doch, wo das Sandmännchen bleibt.
Ich hatte es auch für heute geladen,
Es ißt so gerne die Mondscheinfladen.
Hoffentlich hat es das nicht vergessen!

(Der Milchstraßenmann geht hinaus.)

Für meine anderen Gäste indessen
Soll jetzt die Musik und der Tanz beginnen.

(Sie hebt winkend die Hand, eine Schar weißgekleideter Knaben kommt herein, die silberne Kannen und Platten mit Kuchen tragen. Sie schenken den Gästen ein, während leise Musik ertönt. Eine Schar lieblicher Sternenmädchen tanzt Reigen im Vordergrunde. Plötzlich kommt der Milchstraßenmann wieder herein. Er lacht und kann sich vor Vergnügen kaum halten.)

Milchstraßenmann

Ho ho, ha ha – na sowas, ha ha!
Sowas war überhaupt noch nicht da!
Hi – hi – ha – ha –

Nachtfee

Aber Milchstraßenmann,
Was fehlt Ihm denn? Was fängt Er an?
Das ist ja ein ganz tolles Betragen!

Milchstraßenmann

Nu – nu – hi – hi – das muß ich sagen!
Entschuldigen die Herrschaften, aber ha – ha –
Na, sowas war überhaupt noch nicht da!

Nachtfee

Nun also, wir sind sehr gespannt, lieber Mann.

Milchstraßenmann

Jawohl – sie kommen schon selber an!
Das Sandmännchen, hi hi, es ist verrückt;
Ich glaube, es hat den Mondstich gekriegt!
Es hat auf seinem Wagen, ha ha –
Nu sehen Sie doch, – da sind sie ja!

(Das Sandmännchen kommt gravitätisch herein, an der rechten und linken Hand die beiden Kinder, hinter ihm der Maikäfer. Bei ihrem Hereinkommen erhebt sich am Tisch zur Linken der Fee ein gewaltiges Freudengetöse; der Donnermann donnert, die

Blitzhexe blitzt, der Hagelhans trommelt, der Wassermann kriecht halb aus der Badewanne und patschelt sich den Bauch vor Vergnügen. Der Eismax klemmt das Monokel ein und stößt ein schnarrendes Gelächter aus. Die Nachtfee erhebt sich und streckt die Hand aus. Es wird still.)

Nachtfee

Sandmännchen, du bist spät gekommen,
Und ich sehe, du hast da mitgenommen
Zwei Menschlein und ein Käfertier.
Warum tatest du das, und was sollen sie hier?

Sandmännchen

(mit Verneigung)

Hochwerte Nachtfee, ich muß dir sagen,
Seltsames hat sich zugetragen;
Etwas ganz Neues auf dem Mond,
Seit ihn das Sternenvolk bewohnt.
Ich hatte grad' meine Arbeit verrichtet,
Die Sterne noch etwas ausgerichtet,
Da sah ich urplötzlich am heiteren Himmel,
Nicht weit von meiner Sternenbimmel,
Wie ganz vergnüglich diese Drei
Kamen durch die Luft herbei.
Ich fiel vor Erstaunen fast auf die Nase,
Lief schnell nach dem großen Guckeglase,
Da waren sie aber schon angekommen
Und hatten mich aufs Korn genommen.
Erst hab' ich sie furchtbar angekracht,
Das hat aber gar keinen Eindruck gemacht;
Dann hab' ich sie mal ausgefragt,

Und da hat mir das Peterchen gesagt ...

(Es schiebt das Peterchen vor.)

Ich glaube, er wird es dir selber sagen;
Man braucht ihn garnicht lange zu fragen.
Hör', Peterchen, gib der Nachtfee Bescheid,
Warum ihr zum Monde geflogen seid!

Peterchen

(mutig)

Du mußt nicht böse sein, liebe Fee der Nacht,
Anneliese und ich haben die Reise gemacht,
Weil wir dem Maikäfer sein Beinchen wollen;
Das muß man vom Mond herunterholen.
Und der Mondmann hat es ihm abgehackt,
Und es ist auf dem Mondberg eingepackt.
Und die Sumsemanns haben nur fünf Beine,
Und das ist schrecklich, und ich meine,
Der Mondmann hat das Beinchen gestohlen,
Und darum muß man es wiederholen.

Nachtfee

Vor viel' hundert Jahren ist das gescheh'n,
Es ist richtig, und ich muß gesteh'n,
Daß ich sehr erfreut und verwundert bin,
Daß nun doch zwei Kinder es wagen wollen,

Das Beinchen vom Mondberg herunterzuholen.

Peterchen

Liebe Nachtfee, wir fürchten uns nicht eine Spur!

Nachtfee

Ich glaube dir schon, liebes Peterchen, nur
Liegt der Mondberg sehr, sehr weit von hier,
Im äußersten, dunkelsten Nachtrevier.
Dorthin ist äußerst gefährliche Fahrt;
Doch, wenn ihr immer artig wart ...

Sandmännchen

(fällt ein)

Sie waren's, ich hab' ihre Sternchen gefragt,
Die haben sehr günstig ausgesagt.

Nachtfee

Nun, dann ist es gut und kann euch gelingen,
Den bösen Mondmann zu bezwingen;
Doch müssen wir erst die Elemente befragen
Was sie zu eurer Reise sagen. (Sie wendet sich an den Donnermann.)
Wie denkt darüber der Donnermann?

Donnermann

(steht auf und kommt näher, stellt sich breitbeinig vor die Kinder, rollt fürchterlich mit den Augen. Anneliese faßt Peterchen etwas ängstlich am Zipfel des Hemdchens. Peterchen legt den Arm um sie und sieht den Donnermann furchtlos an.)

Donnermann

Potz Knatter – Knäblein, er will was wagen?
Kann er denn einen kräftigen Donner vertragen?

Peterchen

Herr Donnermann, ich hab' gar keine Angst!

Donnermann

So? Wollen mal sehen, ob du dich bangst! –
Blitzweib, komm' her ...

Blitzhexe

(springt neben ihn)

Sirrrrr – –

Donnermann

Schlag mal ein!
Achtung, geladen!...

(Es wird plötzlich pechfinster.)

Feuer hinein!...

(Ein greller Blitz zuckt, dem ein schmetternder Schlag folgt, der langhin nachrollt. Es wird ganz allmählich wieder heller. Man sieht Peterchen und Anneliese eng umschlungen, aber tapfer aufrecht; neben ihnen liegt der Maikäfer auf dem Rücken.)

Peterchen

(laut)

Das war noch gar nichts, mach's ruhig nochmal!

Donnermann

(lacht laut)

Potz Knatter, das ist ja ein prächtiger Junge,
Der wird mal Artilleriegeneral! –
Aber höre doch, was ist denn bloß
Mit deinem fünfbeinigen Maikäfer los?

(Er lacht unbändig, die anderen stimmen ein.)

Peterchen

(hilft dem Maikäfer auf die Beine)

Ach, Herr Donnermann, das ist nicht schlimm,
Er wohnt auf dem Baum, und da ist es ihm
Nicht angenehm, wenn es donnert und blitzt,
Weil er doch immer draußen sitzt;

Und wenn es einschlägt, fürchtet er sich.

Maikäfer

(zu Peterchen)

Ich danke, ja, das war fürchterlich!

Donnermann

So so! – Aber du? Nu guck mal an;
Du gefällst mir, du tapferer, kleiner Mann! –
Also, wie es auch immer sei,
Wir stehen dir auf deiner Reise bei,
Mein Blitzweib und ich, das nimm nur an!

Anneliese

(gibt ihm einen Apfel)

Wir danken dir schön, lieber Donnermann.

Donnermann

(nimmt den Apfel)

Potz Krach, ein Apfel? Nett von der Kleinen;
Da gib meinem Blitzweib auch gleich einen!

Peterchen

(gibt der Blitzhexe einen Apfel)

Hier hast du ihn!

Blitzhexe

Sirrrr, ich danke sehr!
Komm, Donnermann, setz' dich wieder her!

(Sie zieht den Donnermann zu seinem Platze.)

Donnermann

Potztausend Granaten, der Junge ist prächtig!

(Zum Publikum.)

Daß alle Jungen so wären, das möcht' ich!

Nachtfee

So, Peterchen, das war sehr schön.
Nun aber müssen wir weiter sehen
Und wollen den Wassermann befragen;
Vielleicht hat er noch etwas zu sagen.

Peterchen

Erlaubst du es, lieber Wassermann,
Daß ich das Beinchen holen kann?

Wassermann

Uax – ich finde nichts dabei,
Weiß ja, er ist nicht wasserscheu;
Hat seinen Schwamm und seine Wanne
Und seine uax – uax – Wasserkanne;
Putzt sich die Zähne, hat Seife und Schrubber
Und plantscht gern Wasser, blubber, blubber.
Er hat auch beim Baden nie gefehlt,
Das haben die Wassernixen erzählt.
Noaaaa – wie ist es, kann er schwimmen?

Peterchen

Wie'n Frosch!

Wassermann

Uax, so will ich bestimmen,
Daß von den Meergeistern ihn keiner stört,
Wenn er uax – uax – zu dem Mondberg fährt.

Anneliese

(gibt ihm einen Apfel)

Danke schön, lieber dicker Wassermann!

Wassermann

(nimmt den Apfel)

Uax, einen Apfel, das nehm' ich an.

(zu dem Sternenmädchen.)

Du, Mädchen, begieß' mich noch einmal,
Die Luft ist sehr trocken in dem Lokal.

(Das Mädchen begießt ihn, und er rutscht in seine Wanne zurück.)

Nachtfee

Haben Wasser und Feuer nichts zu klagen,
So müssen wir jetzt die Luft befragen;
Hat der Sturmriese uns noch etwas zu sagen?

(Der Sturmriese springt auf, hebt die Keule, es wird abermals finster, und ein heulender Sturm fegt daher. Man hört das Krachen und Splittern niederbrechender Bäume und das Rollen der Hageltrommel. Dann wird es still und allmählich wieder heller. Der Sturmriese steht vor den Kindern mit gesenkter Keule. Der Maikäfer liegt wieder auf dem Rücken.)

Sturmriese

Ho ho, sie stehen noch kerzengrade!
Ich hab' sie nicht umgeblasen, schade;
Und bin doch gewaltig dahergefegt;
Bloß den Maikäfer habe ich umgelegt.

Peterchen

(hilft dem Maikäfer auf die Beine.)

Sturmriese

(lacht)

Kraft ist in dem Jungen, das ist wahr!
Wenn man stark ist, fürchtet man keine Gefahr!
Will ihm helfen auf seinem Reiseritte!

Peterchen

Dank', lieber Windmann, ein Apfel? – bitte?

Sturmriese

(nimmt den Apfel)

Hab' viel so Dinger von Bäumen gebrochen
Und nicht einmal daran gerochen;
Aber so, aus einer Kinderhand – –
Das nehm' ich, das wäre ungalant.

(Er kehrt auf seinen Platz zurück.)

Nachtfee

Feuer, Wasser und Luft sind jetzt gefragt
Und haben euch Hilfe zugesagt;
Die Erde schläft unter dem Himmelsraum
In meiner Hut, und ihren Traum,
Der heilig ist, darf ich nicht stören;
Doch wenn ihr sie ruft, so wird sie euch hören. –
Und nun kommt her, ihr kleinen Wesen

(Sie breitet die Arme aus.)

Und laßt euch küssen ...

(Sie küßt beide Kinder, die zu ihr auf den Thron kommen.)

Vor allem Bösen
Will ich euch hüten, soweit ich vermag. –
Eure Fahrt muß schnell sein, denn, naht der Tag,
Und es trifft auf dem Mond euch sein erster Blick,
So findet ihr nie mehr zur Erde zurück. –
Ihr sollt auf dem großen Bären reiten,
Und das Sandmännchen soll euch begleiten.

Milchstraßenmann

Frau Nachtfee, der Bär hat heut' grüne Augen,
Da wird er für den Ritt nicht taugen;
Er hat schrecklich an seiner Kette gerissen
Und mich beim Füttern beinahe gebissen.

Nachtfee

Er ist der Schnellste, hol' ihn herein;
Man wird ihn zähmen, denn es muß sein.

(Der Milchstraßenmann geht kopfschüttelnd ab.)

Hör', Sandmännchen, auf der Weihnachtswiese,
Da macht ihr halt, und Anneliese
Und Peterchen sehen sich das mal an

Und begrüßen den guten Weihnachtsmann.
Dann aber geht's weiter in großer Schnelle,
Bis nah' an den Mondberg, an jene Stelle,
Wo die silberne Riesenkanone steht.
Versuch' es, Sandmännchen, und wenn es geht,
So lade sie in den Kanonenlauf
Und schieße sie auf den Mondberg hinauf.
Dort müssen sie dann selber sehen,
Wie sie ihr Abenteuer bestehen.

Sandmännchen

(Kratzfuß)

Ich werde sie führen, ganz genau
Nach deiner Weisung, edle Frau!

(Er wendet sich.)

Dort kommt auch schon der Milchstraßenmann
Und bringt uns den großen Bären an.

(Der Milchstraßenmann tritt in den linken Eingang, an einer Kette einen großen, weißen Bären, der nach Art der Kinder-Petzbären auf einem mit Rollen versehenen Brett läuft. Der Bär bleibt in der Tür stehen, klappt mit dem Rachen und starrt mit grün leuchtenden Augen in die Versammlung.)

Milchstraßenmann

Er ist furchtbar böse heute, der Bär!

Nachtfee

Den Kindern wird es gewiß nicht schwer,
Ihn zu besänftigen.

Sandmännchen

(zu den Kindern)

Hört mal her:
Wenn er böse ist, hat er grüne Augen,
Und wird er gut, so bekommt er rote;
Dann macht er Männchen und gibt die Pfote,
Man kann mit ihm Reiter und Pferdchen spielen
Und ihm ganz ruhig im Fellchen wühlen. –
Gebt ihm einen Apfel, wir wollen mal seh'n,
Ich glaube, dann wird die Geschichte geh'n.

(Peterchen und Anneliese gehen zu dem Bären. Der Bär starrt sie mit grünen Augen an, klappt mit dem Rachen und stößt ein fürchterliches Gebrüll aus. Peterchen nimmt einen Apfel, stellt sich auf die Zehen, zielt und wirft ihn in den offenen Rachen. Der Bär verschluckt den Apfel, bekommt für einen Augenblick rote Augen, dann aber wieder grüne, dann rote, dann grüne und so fort, während er abwechselnd brüllt und brummt.)

Sandmännchen

Seht ihr, was so ein Apfel tut!
Halb ist er schon gezähmt und gut.
Nun gebt ihm schnell noch einen zweiten,
Dann paßt mal auf, dann könnt ihr ihn reiten.

(Anneliese versucht, einen Apfel auf den Zehenspitzen hinaufzureichen; da sie aber zu klein ist, nimmt Peterchen ihr den Apfel ab und wirft ihn, wie vorher, dem Bären in den Schlund. Augenblicklich schließt der den Rachen, brummt gemütlich und hat dauernd rote Augen. Allgemeines Gelächter.)

Sandmännchen

Seht ihr, was hab' ich euch gesagt?
Nur immer frisch drauf los gewagt!

Peterchen

(kühn zum Bären)

Petz, gib mal Pfötchen!

(Der Bär gibt ihm die ungefüge Pfote.)

Nun mach' mal schön!

(Der Bär richtet sich steif auf den Hinterbeinen auf und klappt dann wieder zurück.)

Milchstraßenmann

(mit Kennermiene)

Ich glaube, Frau Nachtfee, jetzt wird es geh'n!

Nachtfee

Dann schnell, und keine Zeit verloren!

(Ein Sternenmädchen bringt eine kleine Leiter, und sie steigen auf.)

Sandmännchen lenkt ihn bei den Ohren,
Peterchen, Anneliese dann,

Und ganz zuletzt der Maikäfermann.

(Sie sitzen.)

Nachtfee

Sitzt ihr jetzt sicher?

Die Reiter

Wir sitzen gut!

Nachtfee

Dann reitet von dannen und seid in Hut!
Lebt wohl! Lebt wohl! – (Sie winkt.)

Sandmännchen

Hopp, Petz! – He – he! –

(Der Bär rollt mit seinen Reitern schnell hinaus.)

Alle

(winken)

Glück auf die Reise! – Ade – ade! –

Vorhang.

Ende des dritten Aufzuges.

Die Weihnachtswiese

(Im Hintergrunde eine dichte Hecke von kleinen Weihnachtsbäumchen, deren jedes ein Sternchen an der Spitze trägt. In der Mitte dieses kleinen Waldes steht eine winzige, goldene Wiege, in der ein Kindchen mit silbernem Krönchen schläft. Vorn rechts steht ein silberner Baum mit vergoldeten Äpfeln und Nüssen, links ein goldener Baum mit Pfefferkuchen und Brezeln. Der Mittelgrund ist in zwei Hälften geteilt. Auf der rechten Seite wachsen aus der Erde wie Spargel Soldaten, Pferdchen, Nußknacker, Hampelmänner, Petze usw.; auf der linken Seite Puppen in allen Größen und Formen. Teils gucken diese Spielsachen nur erst mit dem Kopfe aus der Erde hervor, teils sind sie halb, teils ganz herausgewachsen. Neben der Wiege im Hintergrunde sitzt der Weihnachtsmann in Pantoffeln, Pelzmütze und Pelzrock, die Pfeife im Munde und wiegt das Christkindchen. Im Vordergrunde springt das Pfefferkuchenmännchen mit grotesken Sprüngen herum und begießt die Puppen, Soldaten und Weihnachtsbäumchen. Es hat einen kaffeebraunen Anzug an mit großen, blauen Zuckerknöpfen und auf Bauch und Rücken je ein großes, goldenes Pflaster. Es herrscht eine goldmatte Dämmerung.)

Weihnachtsmann

(wiegt leise die Wiege und singt dazu:)

Stille Nacht – heilige Nacht – (den ersten Vers.)

(dann zum Pfefferkuchenmännchen.)

Nun, Printenmännchen, wächst alles fleißig?
Sind die Weihnachtsbäumchen schön im Reisig?

Und steht es gut mit der Spielzeugsaat?

Pfefferkuchenmännchen

Brillant in dem Jahre, es ist ein Staat!

Weihnachtsmann

Wird also 'ne gute Ernte werden?

Pfefferkuchenmännchen

Ein bissel noch fehlt's bei den Hottepferden
Und bei den Hampelmännern, allein,
Die Soldaten, die werden extrafein;
Und nun im Puppengarten gar,
Da ist das Wachstum ganz wunderbar!

Weihnachtsmann

Müssen in dem Jahre auch reichlich haben;
Es gibt viel artige Mädchen und Knaben!

Pfefferkuchenmännchen

Allermeist genug für alle artigen Kinder;
Bonbons und Printen für die Leckermünder
Und was sonst Wünsche gemeldet werden,
Von Luftballons bis zu Schaukelpferden;

Soviel als sie immer haben wollen.

Weihnachtsmann

Man müßte sich bald mal die Liste holen
Vom Sandmännchen ... ach, da fällt mir ein,
Es muß doch jetzt die Stunde sein,
Daß Peterchen und Anneliese
Herkommen nach der Weihnachtswiese!
Sie reiten hier auf dem Bären vorüber,
Das Sandmännchen bringt sie zum Mondberg hinüber;
Die Nachtfee hat mir das sagen lassen. –
Also, wenn sie uns jetzt besuchen,
Pflück' du ihnen Nüsse und Pfefferkuchen.
Sind artige Kinder, alle beide,
Machen ihrem Mütterchen Freude.

(Er wiegt weiter.)

Pfefferkuchenmännchen

Wird gemacht, wird gemacht, mit größtem Vergnügen! –
Jetzt müssen die Weihnachtsbäumchen was kriegen!

(Er begießt die Bäumchen und singt dazu, während der Weihnachtsmann wieder wiegt:)

O Tannebaum, o Tannebaum – (den ersten Vers.)

(Ein Sausen wird in der Luft hörbar.)

Weihnachtsmann

(steht auf)

Es summt und surrt, es brummt und braust,

(weist nach rechts in die Luft)

Ich glaube, dort kommen sie angesaust.
Sie reiten mit gewaltiger Schnelle!...

(Das Sausen reißt ab; von rechts rollt der Bär mit seinen Reitern heran.)

Sandmännchen

Hallo, hallo, wir sind zur Stelle!

Weihnachtsmann

Ei, ei, das ist mir eine Freude!
Guten Tag, ihr lieben Kinderchen beide,
Und Sandmännchen und Maikäfermann.
Kommt nur herunter und seht euch an,
Was alles wächst auf der Weihnachtswiese!

(Er stellt eine Leiter an, und sie klettern herunter.)

Guten Tag, Peterchen, (gibt Peterchen die Hand.)
guten Tag, Anneliese! (gibt Anneliese die Hand.)
Ja, ja, ich kenn' euch, wißt ihr's nicht mehr?
Ich kenne euch gut, noch von Weihnachten her!

Peterchen

Ach ja, ich weiß, es war furchtbar fein,
Du kamst ganz leis' in die Stube hinein,
Ganz voll von Schnee waren deine Füße,
Und ein großer Sack voll Äpfel und Nüsse,
Der hing über deinen Rücken und Bauch,
Und Pelzhandschuhe, die hattest du auch,
Und einen großmächtigen, goldenen Stock,
Ja, und einen ganz grünen, dicken Rock.
Und Anneliese hat sich versteckt,
Und nachher hab' ich sie so geneckt,
Weil du gar nicht böse gewesen bist
Und was erzählt hast vom heiligen Christ
Und unser Weihnachtsbäumchen gebracht hast
Und Nüsse und Äpfel und weil du gelacht hast
Und uns gelobt, weil wir ganz allein
Unsern Spruch gesagt haben, ja, das war fein!

Weihnachtsmann

Nun, siehst du, da sind wir ja beide gut Freund.

(zu Anneliese)

Und warum hat Anneliese geweint?

Anneliese

(zutraulich)

Ach, weißt du, damals war ich noch klein;
Jetzt fürcht' ich mich gar nicht mehr, o nein,
Auch nicht ein bißchen, weil wir dich besuchen,
Und ... hier ist so vieler Pfefferkuchen!

Weihnachtsmann

(lacht)

Ja ja, hier ist es wunderschön! –
Und nun kommt, nun wollen wir alles besehen!

(Er nimmt die Kinder an der Hand und führt sie umher. Inzwischen pflückt das Pfefferkuchenmännchen zwei Pakete mit Pfefferkuchen vom Baum.)

Seht ihr, hier wachsen die Soldaten;
Wenn sie reif sind, nehme ich einen Spaten
Und grabe sie jeden aus seinem Beet
Mit einem Stück Rasen, daß er steht. –
Hier wachsen die Petze, die Pferde und Hasen;
Wenn sie größer sind, fangen sie an zu grasen
Und laufen immer lustig im Kreise
Und quietschen, jedes auf seine Weise.

Anneliese

Ach, das ist lustig!

Peterchen

Das ist mal schön!

Weihnachtsmann

Ja, es ist drollig anzusehn;
So ausgelassen sind die Rangen,
Und schließlich werden sie eingefangen. –
Und hier ist die Bilderbücherwiese,
Die wachsen da lustig wie Gemüse. –
Dies ist das Trompeten- und Trommelbeet,
Wenn sie reif sind, werden sie abgemäht. –
Dort an den Sträuchern wachsen Bonbons,
Die Schilfkeulen werden Zeppelin-Ballons. –
Und hier, seht – hier ist der Puppengarten.

Anneliese

(schlägt staunend in die Händchen)

Ach ja!! –

Weihnachtsmann

Die muß man pflegen und warten
Und sehr behutsam putzen und hüten.
Erst sehen sie aus wie ganz kleine Blüten,
Gelb und grün und rot und blau,
Und man weiß es noch nicht ganz genau,
Wie sie werden, man kann es noch nicht sehen;
Dann wachsen Gesichterchen ...

Anneliese

(klatscht in die Händchen)

Ach, ist das schön!

Weihnachtsmann

Ja, und schließlich, wenn sie reifen,
Wachsen die Haare, die Schühchen, die Schleifen.
Und ganz zuletzt, wenn alles geglückt,
Werden sie vorsichtig abgepflückt.

(Die Kinder stehen ganz versunken.)

Peterchen

Ach ja, nun weiß man doch, wie es geht.

Anneliese

Wie so ein liebes Püppchen entsteht.

Weihnachtsmann

Und hier und dort wachsen Weihnachtsbäumchen;
Um die ganze Wiese läuft so ein Säumchen
Von kleinen, größeren und ganz großen,
Und sie werden mit Zuckerwasser begossen. –
Das alles tut der Printenmann.

Die Kinder

(staunend)

Und sieht sich dabei so lecker an!

Pfefferkuchenmännchen

(mit komischen Bücklingen)

Natürlich, natürlich, viel gibt's zu tun,
Immer geschäftig, kein' Zeit zu ruhn!
Vom vielen Arbeiten und Mühn
Kommt's, daß ich Weihnacht so mürbe bin,
Daß ich so gebräunt und lecker aussehe
Und so schnick schnack auf der Zunge zergehe!

(Er macht einen grotesken Sprung.)

Peterchen

(nachdenklich)

Ja, aber, Printenmännchen, das heißt,
Tut es nicht weh, wenn man von dir abbeißt?

Pfefferkuchenmännchen

Oh, wenn ich erlaubt bin, dann kitzelt es mich,
Und dann freue ich mich fürchterlich;
Aber, wenn ich verboten bin, oh jeh,
Dann tut das Abbeißen furchtbar weh.

Weihnachtsmann

Ja ja, wenn die Kinder das nur wüßten,
Sie ließen von ihren Naschgelüsten. – –
Und nun kommt her und seht es liegen
Das Christkindchen in seiner Wiegen.
Es schläft, um sich das Herz zu stärken
Zu allen seinen Liebeswerken.
Derweil muß ich es wiegen und warten
Hier oben im stillen Weihnachtsgarten;
Und wenn unsere Stunde gekommen ist,
In der Winterszeit, zum heiligen Christ,
Dann weck' ich es ganz leise, leise,
Und wir machen uns auf die weite Reise
Durch Nacht und Wälder, durch Schnee und Wind,
Dorthin, wo artige Kinder sind.

(Die beiden Kinder falten die Händchen und knien andächtig an der Wiege nieder. Von fernen Harfen und Geigen ertönt die Melodie: "O, du fröhliche ..." Während der Musik glühen an den Bäumchen um die Wiege Lichter auf. Als das Lied verklungen ist, stehen die Kinder auf, und der Weihnachtsmann steckt ihnen je ein Pfefferkuchenpaketchen in das Körbchen.)

Weihnachtsmann

Das ist für die Reise, schmeckt wunderschön! –
Bleibt brav, und Weihnacht auf Wiedersehen!

Sandmännchen

Kommt schnell, es ist Zeit, kommt schnell, es ist Zeit,
Der Weg ist noch weit, der Weg ist noch weit!

(Die Kinder eilen zu dem Bären, erklettern ihn auf dem Leiterchen und nehmen hintereinander Platz.)

Sandmännchen

Hopp, Petz, jetzt geht's zur Kanone, hopp hopp!
Nun lauf' deinen allerschnellsten Galopp!

(Der Bär rollt schnell fort. Ein lautes Sausen beginnt.)

Vorhang.

Verwandlung.

(Das Sausen tönt fort und der Vorhang teilt sich wieder. Man erblickt den Bären im Mittelgrunde; auf dessen Rücken das Sandmännchen, die Kinder und den Maikäfer, eng umschlungen und vornüber geneigt. Vom Winde durch die schnelle Fahrt flattert das Fell des Bären, die Haare der Kinder, die Zipfelmütze und der Mantel des Sandmännchens und die kleine Geige des Maikäfers. Im Hintergrunde sieht man den bestirnten Nachthimmel langsam vorüberziehen. Das Sausen tönt fort als der Vorhang sich wieder schließt.)

Verwandlung.

(Sternenlose Nacht ringsum. Auf einem kleinen, grauen Hügel steht eine gewaltige, silbern schimmernde Kanone, mit der Mündung zum Himmel gerichtet. Eine kleine Leiter lehnt am Rad. Es ist weiter nichts zu sehen. Man hört noch immer das Sausen in der Luft, der Bär rollt mit seinen Reitern heran.)

Sandmännchen

Halt, Petz! – Hier sind wir am Ziel der Reise!

(Er rutscht von seinem Sitz, lehnt das Leiterchen an den Bären, und die Drei klettern herunter.)

Sandmännchen

So, Petz, nun lauf' du auf deine Weise
Nach Hause in den Bärenstall!
Schön Dank bis auf das nächste Mal!

(Er klopft den Bären, und der rollt fort.)

Sandmännchen

(in Positur)

Jetzt, meine Herrschaften, kommt das große Abenteuer. – Erst will ich mal sehen, ob die Kanone auch hübsch sauber ist. (Er lehnt die Leiter an die Mündung und guckt hinein.) Na, es ist noch nicht so ganz besonders. Maikäfer, gib mir mal den Wischer her! (Der Maikäfer reicht einen Wischer, der am Boden lag. Das Sandmännchen putzt mit komischer Gründlichkeit den Lauf. Beim Putzen:) Wenn der Lauf – nämlich nicht – spiegelblitzeblank – ist – dann scheuert ihr euch – beim Herausfliegen – die Nasen ab. – Und das wollen wir doch lieber – nicht machen! – (Er ist mit dem Putzen fertig.) So, nun ist er blank, wie eine Kakaobüchse. Jetzt geht es geschmiert. (Er kommt herunter.) Hört also mal ganz genau her. Ich werde euch jetzt da hinein laden. Habt ihr Angst?

Die Kinder

Nein, Sandmännchen!

Sandmännchen

Gut! Also, zuerst kommt der Maikäfer dran, der ist der Dickste; dann Peterchen und dann Anneliese. Und wenn ich zähle, eins – zwei – drei – so macht ihr bei "drei" die Augen zu; da geht's nämlich los. Ihr fliegt dann einer nach dem anderen oben auf den Mondberg und dort angekommen, macht ihr die Augen wieder auf. Habt ihr verstanden?

Die Kinder

Ja, Sandmännchen!

Sandmännchen

Oben aber ist ein Wald, und in dem Walde hängt das Beinchen an einem Baum, und von diesem Baume müßt ihr es herunternehmen und dem Maikäfer mit Spucke wieder ankleben. Habt ihr verstanden?

Die Kinder

Ja, Sandmännchen!

(Der Maikäfer tanzt herum.)

Sandmännchen

Halt du! – Da gibt's nichts zu tanzen! – Jetzt wird hier aufgepaßt! – Wenn ihr also in dem Walde seid, und der böse Mondmann sollte euch sehen und euch zu Leibe gehen wollen, dann fürchtet euch nur nicht; denn die Elemente stehen euch bei. Wenn ihr euch aber gar nicht mehr wehren könnt, dann ruft nur eure Sternchen an, die helfen euch sicher. Habt ihr verstanden?

Die Kinder

Ja, Sandmännchen!

Sandmännchen

Und wenn die Morgenröte kommt, dann ist es Zeit; sie warnt euch; dann müßt ihr die Erde anrufen, und die gute Erde wird euch sogleich wieder aufnehmen. Habt ihr verstanden?

Die Kinder

Ja, Sandmännchen!

Sandmännchen

So, und nun lebt wohl, ihr lieben, artigen Kinderchen! Ich wünsche euch von Herzen Glück zu eurem großen Abenteuer!

Die Kinder

Danke schön, liebes, gutes Sandmännchen!

Anneliese

Gib mir einen Kuß!

(Das Sandmännchen küßt.)

Peterchen

Mir auch!

(Das Sandmännchen küßt.)

Sandmännchen

So, und nun ist es die höchste Zeit! Komm her, Maikäfer – du bist der Erste.

Maikäfer

(springt ängstlich herum)

Summm – summm – wenn es schießen tut,
Hab' ich Angst, hab' ich Angst, ich gehe kaputt!

Sandmännchen

Was? Schäm' dich, du alter Kerl! Du willst Angst haben? Für Ihn wird die ganze Geschichte gemacht, und da strampampelt Er hier? – Will er wohl gleich! –

(Der Maikäfer kommt ängstlich, das Sandmännchen packt ihn, zieht ihn auf die Leiter und stopft ihn oben in den Lauf hinein.)

So, und nun die Augen zumachen!

(Das Sandmännchen tritt an das hintere Ende der Kanone.)

Eins – zwei – drei! –

(Er zieht an einer Schnur, und die Kanone entlädt sich mit einem dumpfen Knall. Aus der Mündung sprüht ein Regen von Funken, und mitten darin sieht man ein braunes Etwas in den Himmel fliegen.)

Sandmännchen

Seht ihr, da fliegt er! – – Gut getroffen! – – (Er wendet sich zu den Kindern.) Der ist also oben.

Die Kinder

(klatschen in die Hände)

Das war fein!

Sandmännchen

Jetzt Nummero zwei; komm', Peterchen! (Er hebt Peterchen hoch und steckt ihn in das Rohr; dann stellt er sich hinter die Kanone.) Glück auf die Reise! – Augen zu! – Eins – zwei – drei! – (Er zieht ab, die Kanone kracht, der Funkenregen stiebt, und ein weißes Etwas saust in die Luft.)

Sandmännchen

So, der ist auch oben! – Und nun kommt das kleinste Paketchen hinterher! Komm' Anneliese!

Anneliese

(winkt mit dem Händchen, während sie in den Lauf gestopft wird.)

Ade! – Ade!

Sandmännchen

(stellt sich hinter die Kanone)

Augen zu! – Eins – zwei – drei! –

(Er zieht ab, und in dem Funkenregen fliegt ein kleines, weißes Paketchen in die Ferne.)

Sandmännchen

(starrt in die Luft)

Nun ist auch das Kleinste glücklich da oben;
Hab' gut gezielt und muß mich loben!

(mit einem Seufzer.)

Man erlebt auf dem Monde so selten was,
Und dies war doch mal ein besonderer Spaß!

Zwei schöne Äpfelchen gaben sie mir,
Schick' ihnen nun schöne Träume dafür.
Sie waren wirklich sehr lieb und gut,
Und mir ist ganz weinerlich zu Mut.

(Er wischt sich mit vieler Umständlichkeit die Augen und starrt dann wieder in die Luft. Plötzlich reckt er die Faust gen Himmel.)

Wenn der Mondmann ihnen ein Leid antut,
Soll er das Sandmännchen kennen lernen;
Ich schwör' es bei allen meinen Sternen!
Den ganzen Himmel ruf' ich herbei
Und reiß' ihm die schwarze Seele entzwei,
Daß die Fetzen nur so durch die Lüfte fliegen
Und an allen Enden des Mondes liegen!

(Er fuchtelt mit den Fäusten zum Berge hinauf.)

Ich schwör' dir's, Mondmann, bei allen Sternen,
Dann sollst du das Sandmännchen kennen lernen!

(Während das Sandmännchen mit den Fäusten in der Luft herumfuchtelt, fällt der Vorhang.)

Verwandlung.

Auf der Höhe des Mondberges.

(Unregelmäßig gerundete, mit seltsamen, silbergrauen Bäumen bestandene Bergterrasse. Im Hintergrunde scheint es ins Bodenlose zu gehen. Völlig schwarzer Himmel. Gespenstig fahl blaues Licht. An einem der Bäume hängt ein

Maikäferbeinchen. Der Mondmann, ein schwarzer, wüst aussehender Riese, läuft mit einer Axt in der Hand und einem Bündel Knüppeln auf dem Rücken umher.)

Mondmann

Verflucht sei die Welt, verflucht sei die Zeit,
Verflucht meine ewige Einsamkeit!

(läuft zum Rand des Berges.)

Dort, in der Tiefe, dort liegt die Erde,
Die ich nie wieder betreten werde;
Verdammt sollen alle Menschen sein,
Pest, Hunger und Tod in ihr blasses Gebein!

(schwingt wütend die Axt.)

Ich hasse dieses Menschengezücht,
Das da glücklich im Lichte der Sonne kriecht!

(wendet sich und droht mit der Axt.)

Oh, käm' mir mal einer hier herauf,
Mit Haut und Haaren fräß' ich ihn auf!
Schlachten würd' ich ihn, langsam braten
Am Spieß, er sollte mir wohl geraten!
Ich ließe ihn backen hundert Stunden,
Dann sollten mir seine Gliederlein munden.
Schon tausend Jahr' hab' ich nichts gegessen,
Tausend Menschen könnte ich fressen
Mit Haut und Haar, mit Hut und Schuh; –

Ach, käm' es doch nur einmal dazu!

(Vor dem Maikäferbeinchen.)

Du, Beinchen, an dem Birkenbaum,
Du bist mein letzter Hoffnungstraum;
Denn findet der Käfer ein Kinderpaar,
So kommen sie her, und dann wird's wahr,
Dann kann ich all mein Leid vergessen,
Dann kann ich sie fressen, fressen, fressen!

(Man hört den dumpfen Ton eines fernen Kanonenschusses.)

Mondmann

Ha, was war das? – ein Kanonenschuß?
Das klingt mir wie ein Hoffnungsgruß! –
Will mich zunächst einmal verstecken.

(Er kriecht hinter einen Baum und duckt sich dort. Auf den Rand der Terrasse wird aus dem Hintergrunde herauf plötzlich der Maikäfer geworfen. Er sitzt mit seltsamer Possierlichkeit, wie ein plötzlich durch Schreck Geweckter, und reibt sich die Augen.)

Maikäfer

Du lieber Himmel, das war ein Schrecken!

(Ein zweiter Schuß ertönt. Peterchen fliegt neben den Maikäfer auf den Rand und reibt sich die Augen.)

Peterchen

Bauz, pardauz, das war ein Vergnügen,
So puff, hoch durch die Luft zu fliegen!
Es sumst einem ordentlich in den Ohren …

(Ein dritter Schuß ertönt. Anneliese fliegt neben Peterchen auf den Rand und reibt sich die Augen.)

Anneliese

Beinahe hätt' ich mein Püppchen verloren,
So bin ich durch die Luft gebrummt,
So toll hat die Kanone gebummt!

(Alle drei gucken sich an und lachen.)

Alle drei

Das war mal lustig, ha ha ha!

Peterchen

(sieht sich um)

Ich glaube, jetzt sind wir endlich da
Und können das Beinchen suchen gehn! –

Maikäfer

Da hängt es, da hängt es, ich hab's gesehn!

(Alle drei laufen zu dem Baum, an dem das Beinchen hängt. Der Mondmann stürzt mit Gebrüll aus seinem Versteck hervor und vertritt ihnen den Weg. Der Maikäfer fällt sofort auf den Rücken und stellt sich tot. Die Kinder bleiben stehn.)

Peterchen

(unverzagt)

Bist du der Mondmann?

Mondmann

Der Mondmann? Ja!
Was wollt ihr winzigen Würmer da?
Was wollt ihr in meinem Waldrevier?

Peterchen

Hast du nicht ein Maikäferbeinchen hier?

Mondmann

(lacht wild)

Ein Maikäferbein, ein Maikäferbein?
Das soll hier auf dem Mondberg sein?

Peterchen

Die Nachtfee sagt, es wäre da,
Und ich seh' es schon hängen, da ist es ja!

Mondmann

Was siehst du hängen, du winziger Wicht? –
Was an dem Baum hängt, das kümmert dich nicht!

Hierher gehört das Maikäferbein,
Und ich geb' es nicht her, denn es ist mein!

Peterchen

Das ist nicht wahr, es gehört nicht dir,
Es gehört einem armen, kleinen Tier!

Mondmann

So? Was du Kröte nicht alles weißt!
Da sag' mir doch erst einmal, wie du heißt?

Peterchen

Ich heiße Peterchen und bitte dich sehr,
Gib jetzt dem Maikäfer sein Beinchen her!

Mondmann

Du bittest mich sehr? Was gibst du mir,
Wenn ich es dir gebe, denn wieder dafür?

Anneliese

Du kannst einen schönen Apfel haben!

(reicht ihm ihren letzten Apfel. Der Mondmann reißt ihn aus ihrer Hand und verschlingt ihn.)

Mondmann

Schmeckt gut! – (Zu Peterchen.)
Hast du auch solche Gaben?

Peterchen

(gibt seinen letzten Apfel, den der Mondmann ebenso verschlingt)

Hier hast du den letzten. – Nun gib es uns her!

Mondmann

(zu Anneliese)

Da in dem Körbchen ist ja noch mehr!

Anneliese

(nimmt zögernd das Paketchen mit Pfefferkuchen heraus.)

Pfefferkuchen – vom Weihnachtsmann!

Mondmann

(reißt es ihr aus der Hand)

Her damit, wenn man's fressen kann!

(Er verschlingt es. Anneliese bekommt dicke Tränen in die Augen.)

Mondmann

(zu Peterchen)

Und du, da ist auch noch was drin! –
Siehst du nicht, daß ich hungrig bin?

Peterchen

(gibt ihm sein Päckchen)

Da hast du, – hungrig sollst du nicht sein;
Aber gib uns nun, bitte, das Maikäferbein!

Mondmann

(fressend und kauend)

Ist noch nicht genug, habt ihr gehört?
Das Beinchen ist mir noch viel mehr wert!

Peterchen

Wir haben nichts mehr ...

Mondmann

Ihr habt nichts mehr?
Dann gib mir mal den Hampelmann her!

Peterchen

(entsetzt)

Meinen Hampelmann?...

Mondmann

Ja, gib ihn her!
Der bunte Kerl gefällt mir sehr! –

Peterchen

Und bekommen wir dann ...

Mondmann

Das will ich mal sehn!
Erst gib ihn her! –

Peterchen

(reicht ihn zögernd)

Hier, bitte schön!

Mondmann

(besieht den Hampelmann von vorn und hinten und verschlingt ihn mit einem gewaltigen Biß.)

Peterchen

(entsetzt)

Er frißt ihn auf!

(Anneliese fängt an zu weinen.)

Mondmann

Schmeckt wunderschön!

(schnüffelt nach Annelieses Puppe.)

Und da hab' ich noch so ein Püppchen gesehn!
Immer her, immer her mit dem Puppenkind;
Sonst geb' ich das Beinchen nicht raus – geschwind!

Anneliese

(weint laut und kriecht hinter Peterchen.)

Nein nein, mein Püppchen soll er nicht kriegen!
Komm, Peterchen, komm, nach Hause fliegen!

Peterchen

Anneliese, nicht weinen – laß nur sein,
Wir kriegen ja gleich das Maikäferbein,
Und wenn wir zu Hause sind, ja, dann
Schreiben wir gleich an den Weihnachtsmann;
Er soll was schicken.

Anneliese

Das mußt du tun,
Ich kann noch nicht schreiben ... und nun ... und nun ...

(Sie hält dem Mondmann das Püppchen mit entsetzt aufgerissenen Augen hin. Der Mondmann reißt es aus dem Händchen und frißt es auf.)

Anneliese

(schreiend)

Nicht essen, mein Püppchen, ach nein, ach nein!

Peterchen

(legt die Ärmchen um sie)

Laß, Anneliese, das muß so sein.
Jetzt hat er alles, was er will
Und gibt uns das Beinchen. (streichelt sie.)
Sei still, sei still!

(Anneliese beruhigt sich wieder.)

Peterchen

(energisch)

So, Mondmann, jetzt haben wir garnichts mehr,
Jetzt gibst du uns aber das Beinchen her!

Mondmann

(wischt sich das Maul)

Ihr habt nichts mehr? Das ist ein Spaß! –

(schmunzelnd)

Ich weiß es, ich weiß es, ihr habt noch was!

Peterchen

Es ist nicht wahr, guck's Körbchen an!

(beide strecken ihr Körbchen hin.)

Mondmann

(zieht schmunzelnd ein langes Messer)

Ei, ei, jetzt kommt ihr ja selber dran;
Geschlachtet und gebraten, fein,
Knusprig die weißen Gliederlein!

Peterchen

(zieht mutig sein kleines Holzschwert)

Geh' weg, du häßlicher, böser Mann!

Mondmann

(greift schmunzelnd nach Anneliese)

Erst kommt das zarte Schwesterchen dran!

(In diesem Augenblick wird es pechfinster. Ein greller Blitz zuckt, und ein brüllender Donnerschlag folgt. Als es wieder hell wird, liegt der Mondmann mehrere Schritte zurück auf dem Rücken und reibt sich alle Glieder vor Schmerzen.)

Mondmann

(brüllend)

O weh, mein Bauch, o weh, mein Bein!
Verfluchte Pein, verfluchte Pein! –
Das war der Donnermann, ihr Kröten;
Ihr habt ihn wohl um Schutz gebeten?

(Er richtet sich auf.)

Verdammt, es soll euch Donnern und Blitzen
Trotzdem vor meinem Grimm nichts nützen!

(Er stürzt sich von neuem mit geschwungenem Messer auf die Kinder. Peterchen hebt wieder mutig sein Schwert, und im gleichen Augenblick schießt ein mächtiger Wasserstrahl aus der Erde, dem Mondmann gerade ins Gesicht, sodaß er abermals rücklings hinschlägt.)

Mondmann

Prrrrrrrr! – Was fangen die Wichte an?
Jetzt half ihnen gar der Wassermann!

(Er rappelt sich auf.)

Verfluchtes Gewürm, es soll euch nichts nützen,
Ihr sollt' doch an meinem Bratspieß schwitzen.

(Er stürzt sich zum dritten Male auf die Kinder; Peterchen hebt wieder das Schwert, da wird es nachtfinster, und ein wilder Sturmstoß heult heran. Als er vorüber ist, und es heller wird, liegt der Mondmann auf dem Rücken, und über ihn ist ein Baum gestürzt, der ihn an der Erde festklemmt.)

Mondmann

(brüllt)

Au – au – das ist der Sturmriese gewesen!
Verflucht! – Doch kann er sie auch nicht erlösen!
Und wenn sie mit Wasser, Feuer und Wind
Hier gegen mich verbündet sind,
Ich lasse sie doch am Spieße zappeln –
O wartet nur, wartet, ich will mich schon rappeln!

(Er zappelt wütend, um loszukommen.)

Peterchen

Nun siehst du wohl, du böser Mann,
Daß alles dir nichts helfen kann!
Nun bist du gefangen und kannst nichts machen,
Und wir, wir nehmen das Beinchen und lachen!
(will das Beinchen holen.)

Mondmann

(windet sich wütend)

Ihr nehmt das Beinchen? Ihr nehmt es nicht!
Warte, du frecher Menschenwicht,
Warte, ich komme ja schon frei!

(Er rappelt sich frei, kommt auf die Beine, greift nach seiner Axt und stürzt sich schäumend auf Peterchen.)

Jetzt schlag' ich dich mit der Axt entzwei;
Jetzt freß' ich dich wie ein Hühnerei;
Jetzt hau' ich euch zu Mus und Brei!

Die Kinder

(laut, mit aufgehobenen Händen)

Sternchen, Sternchen, kommt herbei!

(Im Nu stehen beide Sternchen, jedes neben seinem Kinde.)

Mondmann

(heranstürmend)

Was Sternchen, was soll die Pappelei!

(Jedes Sternchen hebt eine Hand und hält sie vor jedes Auge des Rasenden.)

Mondmann

(stutzt und fährt sich an die Augen)

Nanu? – Ich sehe nichts, bin ich blind?
Ich sehe nicht mehr, wo die Kröten sind!

(Er taumelt umher.)

Was habt ihr mit meinen Augen gemacht?
Rings um mich her ist finstere Nacht!
Wo ist meine Axt, mein Messer nur?
Hier war sie – nein, hier – nicht eine Spur!
Ich kann nichts finden, ich kann nichts sehn!

(Er taumelt immer weiter fort, bis er von der Szene verschwindet.)

Dort müssen sie sein! – Dort müssen sie steh'n! –
Ich freß' euch mit Haut und Haaren, Gezücht,
Ihr entgeht mir nicht – ihr entgeht mir nicht!

(Als die Stimme verhallt ist, fallen die Kinder den Sternchen jubelnd um den Hals.)

Die Kinder

Liebe Sternchen, liebe Sternchen, wir danken schön!
Nun kann der böse Mann nichts sehn.

Die Sternchen

Macht schnell, macht schnell, verliert keine Zeit!
Lebt wohl, der Tag ist nicht mehr weit!

(Sie verschwinden.)

Peterchen

(sieht sich um)

Fort sind sie – fort – wir sind wieder allein! – –
Komm, Anneliese, wir holen das Bein!

Anneliese

Du, Peterchen, mußt es herunterheben,
Und ich will es mit Spucke ankleben.

Peterchen

Ja, schnell ...

(läuft zu dem Baum und holt das Beinchen.)

Das war aber mal 'ne Not!

(Sie laufen mit dem Beinchen zum Maikäfer, der noch immer regungslos auf dem Rücken liegt und sich tot stellt.)

Anneliese

Guck mal – er ist vor Schreck ganz tot!

Peterchen

Kleb' ihm nur schnell das Beinchen an,
Dann wecken wir den Sumsemann!

Anneliese

(spuckt eifrig auf das obere Beinchenende, während sie das Folgende sagt:)

Ja, Peterchen – und – du weißt es doch, –
Wo es hin muß – da – in welches Loch? –

Peterchen

(zeigt)

Hier, Anneliese – hier muß es hin!
Und ordentlich drücken!

(Sie drücken beide.)

Anneliese

(pustet)

Nu ist es drin!

Peterchen

Jetzt sitzt es fest – ganz ungeheuer!

(mit tiefem Aufatmen.)

Na, das war mal ein Abenteuer!

Anneliese

Nun weck' ihn auf!

Peterchen

(rüttelt ihn)

Herr Sumsemann,
Sehen Sie sich mal Ihr Beinchen an!

(Der Maikäfer schreckt auf, krabbelt und kommt auf die Beine.)

Maikäfer

Hu – hu – hat er euch gefressen, der Mann? –

Peterchen

Du Dummer, guck doch dein Beinchen an!

Maikäfer

Summ – summ – ach ja –

(Er sieht das Beinchen – stutzt – plötzlich:)

hurra – hurra –
Mein Beinchen ist da, mein Beinchen ist da!

(tanzt um die Kinder herum.)

Ich dank' euch, ich dank' euch viel tausendmal!
Nun hat sie ein Ende, die alte Qual,
Der Sumsemänner fünfbeiniges Leid;
Zwei Kinderchen haben uns befreit
Von dem schrecklichen Fluch, hurra – hurra –
Das sechste Beinchen ist wieder da!

(Plötzlich strahlt rotes Licht über den Himmel, und die Morgenröte steht am Rand des Berges mit aufgehobenen Händen.)

Morgenröte

Der Sonne goldener Wagen naht,
Von der Erde weichen die Träume;
Schon kränzen des Himmels heiligen Raum
Des Tages silberne Säume.
Die Röte fliegt über die Welt dahin
Mit dem Bruder, dem Morgensterne;
Frühwolken, wie blitzende Blumen blühn
Über der duftenden Ferne. –
Schon weckt der Frühwind den schlafenden Hain
Zu des Tages leuchtendem Glück;
Nun eilt euch – eilt euch, ihr Kinderlein;
Kehrt schnell zur Erde zurück!

(Sie entschwebt in die Luft, die Röte bleibt.)

Maikäfer

(tritt plötzlich ernst zu den Kindern.)

Ich habe mit euch die Reise gemacht,
Ich habe euch auf den Mond gebracht.
Nun ist sie vorüber, die seltsame Fahrt,
Bei der ihr mir treue Begleiter wart.
Mein Beinchen habe ich endlich wieder,
So wollen wir schnell zur Erde hernieder! –
Faßt euch bei den Händen, und, hört ihr den Spruch,
So schließt eure Augen, in sausendem Fall
Geht's nieder in unser Heimattal.

(Die Kinder umschlingen sich.)

Maikäfer

(stellt sich zu ihnen)

Mutter Erde, wir rufen dich an,
Fern dir führte uns unsere Bahn!
Hör' uns – unsere Not war groß,
Nimm uns nun wieder in deinen Schoß!

(Es wird finster, ein Donner rollt auf, die Kinder und der Maikäfer versinken, der Donner geht in ein langes, gleichmäßiges Sausen über, das anhält, bis es wieder hell wird. Peterchen und Anneliese sitzen im Nachthemdchen auf dem Tisch in ihrer Kinderstube, eng umschlungen. Die Morgensonne lacht durchs Fenster.)

Peterchen

Hu, wie das braust ...

(reibt sich die Augen.)

Anneliese

Hu, wie das saust!

(schlägt die Augen auf und guckt erstaunt.)

Beide Kinder

(lachen)

Ha ha ha! – ha ha ha! –

Peterchen

Anneliese, wir sind wieder da!

Anneliese

Guck, mein Püppchen ist wieder ganz!

Peterchen

Und mein bunter Hampelhans!

Anneliese

Und die Äpfel von Mama!

Peterchen

(erstaunt)

Ja, sie sind alle wieder da!

Peterchen

Komm, Anneliese, ins Bettchen, schnell!
Minna kommt gleich, es ist schon ganz hell!

(Beide Kinder huschen ins Bett.)

Minna

(kommt herein, zieht vor dem Fenster die Gardinen zurück)

Aufstehn, Peterchen, Anneliese!
Die Sonne ist schon über der Wiese,
Die Schäfchen tummeln sich auf dem Rasen,
Und die großen, bunten Kühe grasen.

(Sie schlägt die Vorhänge vor dem Bettchen zurück.)

Auf, kleine Gesellschaft, schnell, schnell, schnell!

Peterchen

(naiv)

Ach, Minna, ist es schon ganz hell?

Minna

Natürlich, die Mutter kommt gleich herum! –

(Sie stutzt)

Nanu, was ist das für ein Gebrumm?

Die Kinder

(zugleich)

Der Maikäfer! –

Minna

Warte, du Ungeheuer!
Husch ... (fängt ihn) schwupp, da ist er! Nun fort, ins Feuer!

Die Kinder

(sind aus dem Bett gesprungen, schreiend)

Peterchen

Nein, Minna, gib her! Nein, Minna, nein!

Anneliese

Der Maikäfer darf nicht ins Feuer rein!
Der muß leben bleiben!

Peterchen

(zerrt sie am Rock)

Gib, bitte, gib!

Anneliese

Wir haben den Sumsemann doch lieb!

Minna

Was habt ihr?... Das soll nun ein Mensch verstehn!
Ihr habt doch schon viele Maikäfer gesehn!?

Peterchen

Nein, diesen, diesen, Minna, gib!

Minna

Nun, hat der Bub ihn denn gar so lieb –
Da ist er, da nimm ihn; aber laßt ihn fliegen,
Damit wir ihn hier aus dem Zimmer kriegen.

(Sie macht die Fenster auf und geht hinaus.)

Die Kinder

(über den Maikäfer gebeugt)

Er stellt sich tot. – Jetzt krabbelt er wieder!

Peterchen

Hat er sechs Beinchen? – Wart'! – Eins – zwei – drei –
Vier – fünf – und sechs!

Anneliese

Das sechste ist neu,
Ganz blank! – Guck, Peter, man kann es nicht sehn,
Daß es angeklebt ist! – Spucke klebt schön!

Peterchen

Komm' schnell ans Fenster, wir lassen ihn fliegen,
Damit ihn böse Menschen nicht kriegen!

Anneliese

Dann fliegt er zu seiner Maikäferfrau
Und erzählt ihr alles ganz genau!

Peterchen

Anneliese, die hat ja das Huhn gefressen!

Anneliese

Ach, ja, das hatte ich ganz vergessen.

Peterchen

Komm', wollen ihn dicht ans Fenster bringen
Und ihm das Fliegeliedchen singen!

(Sie stellen sich an das Fenster, und Peterchen hält den Zeigefinger, auf dem der Maikäfer sitzt, hoch hinaus, während Anneliese gespannt zusieht. Sie singen:)

"Maikäfer fliege – dein Vater ist im Kriege,
Deine Mutter ist usw."

(Der Maikäfer fliegt fort.)

Peterchen

Ade, ade, Herr Sumsemann!
Kommen Sie gut zu Hause an!

Anneliese

Guck mal, wie lustig er fliegt – ganz weit!

Peterchen

Ich glaube, daß er sich furchtbar freut!

(Die Mutter kommt herein, in jeder Hand ein Pfefferkuchenpäckchen.)

Die Mutter

Guten Morgen, guten Morgen, Kinderlein!

Die Kinder

(fliegen ihr um den Hals)

Ach Muttchen, Muttchen, das war fein!

(atemlos)

Der Maikäfer, Muttchen ...

Die Mutter

Nun, habt ihr ihn?

Peterchen

Er war noch eben hier bei uns drin,
Und Minna ...

Anneliese

Und wir lassen ihn raus ...

Peterchen

Und er flog noch höher als unser Haus ...

Anneliese

Und sechs Beinchen hat er und hat sich gefreut ...

Peterchen

Und jetzt ist er sicher schon ganz weit ...

Die Mutter

(verschließt ihnen die Mäuler mit Küssen)

Das war brav, das habt ihr recht gemacht! –
Und, da hab' ich euch auch was mitgebracht;
Das schickt zur Belohnung der Weihnachtsmann
Jetzt mitten im Sommer, denkt mal an!

(gibt ihnen die Paketchen.)

Die Kinder

(ganz ehrfürchtig)

Der liebe, gute Weihnachtsmann!

(plötzlich die Mutter umarmend)

Ach Muttchen, Muttchen, hör' doch an!
Wir haben die Weihnachtswiese gesehn,
Ach Muttchen, Muttchen, wie war das schön! –

Schnell Vorhang.

Ende.